AVENTURAS?
Por que não?

MODESTE HERLIC

2ª edição

Goiânia
Edição do Autor
2023

Esta obra é baseada numa história real.

Revisão: Marina Gomes

Contatos por e-mail: herlicmod@gmail.com ou
marinagomes@yahoo.com

No Instagram: @herlicpoemas

Ou @marinagomes1947

*Dedico este livro à minha irmã Theodora
por seu amor incondicional.*

Este livro é sobre a liberdade espiritual, que pode ser
encontrada no nosso mundo interior.

Sumário

O verdadeiro serviço a Deus é sempre uma aventura em aprender coisas espirituais.

Harold Klemp

Café Sorriso

O apartamento atual do Paulo era dez vezes menor do que seu antigo apartamento de luxo. Vivera numa cobertura suntuosa com a vista para o mar na Avenida Vieira Souto. Agora sua vida mudou. Na nova casa, o espaço era bem pequeno. Na sala, separada do quarto apenas por uma porta, havia uma mesinha, uma cadeira e um divã velho que tinha sido deixado pelo antigo morador.

Na escrivaninha, havia um computador, um cofrinho de porquinho para guardar moedas, uma caixa de som, vários papéis com anotações, notas de dinheiro espalhadas e recibos de compra amassados. Do outro lado da sala, via-se a cozinha americana onde estavam um frigobar e um fogão que nunca tinha sido usado. Havia também um armário de cozinha de duas portas acima da pia. Ali armazenavam-se dois pratos, dois garfos, duas colheres e dois copos. Em seu novo lar, era tudo básico. Não tinha nem televisão nem objetos decorativos. Quando se mudou, pensou em receber só um convidado de cada vez.

Embaixo da secretária, no canto direito do cômodo, jaziam quatro livros empoeirados: *Pai rico, Pai pobre* de Robert Kiyosaki e Lechter Sharon L; *O homem mais rico da Babilônia* de George Samuel Clason; *Os segredos da mente milionária* de T. Harv Eker e *Como fazer amigos e influenciar pessoas* de Dale Carnegie. Paulo não era amigo da literatura. Contudo, dedicava-se à leitura com o maior interesse quando o assunto era economia. Assim passava seu tempo livre fora do trabalho.

Esses quatro livros abandonados no chão do seu novo apartamento não eram nada comparados à quantidade de obras que ele lera sobre o segredo da liberdade financeira. No seu antigo escritório, havia uma biblioteca enorme com prateleiras superpostas. Ali se encontravam centenas de livros, todos bem ordenados. Eram obras cujas palavras tratavam de como encontrar a chave do sucesso.

Tendo ficado um pouco traumatizado ao ser demitido, Paulo não quis nem retornar ao antigo escritório para pegar seus pertences.

No quarto de dormir, na frente da cama, havia uma mesa onde ele mantinha alguns remédios. Perto dessa mesa, via-se um guarda-roupa básico com as portas entreabertas, com as roupas todas jogadas sem cuidado. Na cabeceira do leito, com um abajur de pouca iluminação, encontravam-se dois livros — *O banquete* de Platão e *O poder do agora* de Eckhart Tolle.

Já fazia oito anos que Paulo lera *O poder do agora*. Esse livro tinha sido um presente do filho no seu quadragésimo aniversário. Ele ficou tão maravilhado pelo gesto do rebento que acabou lendo o livro bem rápido. Leu, mas não leu de verdade, pois a nenhum momento reteve a respiração para perceber a profundeza das palavras. Em apenas três dias, já havia acabado de lê-lo. Nunca se perguntou sobre a razão que levara o filho a lhe dar aquele presente. Achou o livro interessante e prático para os negócios. Às vezes inspirava-se naquele livro para fazer seus discursos emblemáticos de motivação a seus subordinados quanto à arte de trading. A verdade é que ele nunca parou para pensar no conceito do agora fora do assunto do dinheiro. Paulo se comportava como um economista nato. Tudo que fazia, fazia pensando em lucros.

O banquete de Platão não lhe roubou muito tempo. De fato, o que mais faltava ao Paulo era tempo. Quanto mais dinheiro ganhava, mais escasso o tempo ficava. Na agenda do bom profissional que ele era, não se viam momentos reservados para passear, ficar com a família ou se divertir.

Certo dia, começou a ler *O banquete*. Porém, achou a linguagem rebuscada. Esse livro foi presente de uma moça que costumava lhe servir café quando ele ainda trabalhava no último emprego. Ela se chamava Vanessa, dona do Café Sorriso, que ficava perto do seu antigo escritório. Como pessoa, ela era um doce, e seu café tinha um sabor especial. Com ou sem açúcar, com ou sem leite, seu café era um deleite para os executivos que frequentavam o local. Além do café, oferecia também: leite espuma, barras de chocolate, cappuccino e muito mais. Tudo isso era um regalo para os habitués do Café Sorriso.

Vanessa era linda e charmosa. Tinha um coração de ouro. Era tão obsequiosa que ficava difícil determinar se sua beleza era maior do que sua gentileza. Graciosa, ela usava as palavras com elegância, humildade e simpatia, encantando os fregueses. Pouco a pouco e sem nenhum esforço, ganhava o coração de todos que a conheciam. Os clientes a amavam e se deliciavam com suas histórias. Ela tinha uma forma bem simples de ver o mundo, e todos gostavam de ouvi-la. Sempre que comentava algo sobre a vida, tentava enxergar o lado bom das coisas. Tudo nela era perfeito, e a maioria dos clientes homens se apaixonavam por ela sorrateiramente. Os que eram casados não queriam perder sua amizade. Os solteiros a desejavam em silêncio com seus corações ardentes.

Paulo também gostava da Vanessa. Ele sempre ia lá tomar seu café matinal. Quando Vanessa o via, não perdia a oportunidade de lhe dizer: "Não há nada melhor nesta cidade do que começar o dia com um sorriso". Paulo não era bom com as palavras, mas ficava encantado e lhe dava um sorriso de volta. Depois, partia sem nada dizer. Na realidade, ele nunca soube como lidar com as mulheres, muito menos com alguém como a Vanessa.

De olhar em olhar, Paulo e Vanessa acabaram se tornando amigos. Com o passar do tempo, começaram a dialogar sobre tudo e nada em especial. Pouquíssimas vezes atinham-se a um simples "Bom dia! Tudo bem?". Apesar de tímido, Paulo deixava claro como era agradável a conversa com Vanessa. Certo dia, ele lhe disse: "Falar com você é um deleite sem fim". Vanessa ficou perplexa na hora, pois sabia que ele não era fã de poesia. Pasma, sorriu como sempre fazia e disse com voz suave: "Ah! Meu amigo Paulo! Que lindo! Fico feliz em te escutar". Vanessa ficou surpresa, pois ignorava que o amor podia fazer a poesia brotar no coração de qualquer ser humano, fosse ele rei ou escravo.

Pouco a pouco, Paulo começou a contar algumas de suas preocupações a Vanessa. Por outro lado, ela nunca mencionou nada sobre sua vida pessoal nem sobre suas próprias dificuldades. Apenas se contentava em ouvir as histórias de Paulo. Ele sabia muito pouco sobre ela, como todos os outros clientes do Café Sorriso. Só sabiam que ela gostava da vida e vivia viajando.

Paulo havia recebido *O banquete* de Platão quatro anos antes de tudo desabar em sua vida. Isso aconteceu numa conversa corriqueira no Café Sorriso. Era o dia do seu aniversário. Sérgio, seu chefe, havia-lhe dado o dia para descansar, comemorar e passar com a família. Mesmo assim, Paulo quis trabalhar. Olhou para o Sérgio e disse com ironia: "Penso no dinheiro que posso deixar de gerar se eu ficar em casa". Sérgio respondeu com satisfação: "Que ótimo!". Depois acrescentou com certo sarcasmo: "Você é quem manda!". Os dois deram uma boa risada.

Além de bons colegas, Paulo e Sérgio eram grandes amigos. Eram tão próximos que Paulo chegou a ser seu padrinho de casamento. Cumpre ressaltar que nessa época, a necessidade de Paulo de permanecer o tempo todo no trabalho não era motivada pela busca incessante de dinheiro, pois já era um homem rico. A razão de não querer ficar em casa era porque não se sentia feliz com a mulher. Além disso, os filhos já tinham tomado rumo na vida.

A verdade é que Paulo nunca se sentira feliz com a família. Ao longo dos anos, veio percebendo que a riqueza material nem sempre é uma garantia de felicidade. Pelo menos, sabia da importância do amor e assim tentava amar e cuidar de seus familiares na medida do possível.

Nesse dia de seu quadragésimo segundo aniversário, Paulo, diante do Café Sorriso, não queria pôr atenção no dia em que nascera. Na entrada do Café, estava escrito:

Um sorriso para começar o dia,
com coração aberto,
sem nada desejar,
sem nada esperar em retorno.

Dia feliz ou triste,
um sorriso que nada custa
para mudar o mundo
e alegrar
o coração do desconhecido.

Por anos, Paulo se deparava com essa mensagem, mas nunca conseguia lê-la inteiramente. Não tinha tempo a perder com coisas alheias ao trabalho. Comportava-se da mesma forma até no dia do seu aniversário.

Antes de entrar no café, olhou para o relógio. Eram sete e meia. Ele sempre chegava trinta minutos antes de o escritório abrir. Dessa forma, podia passar um tempinho com a Vanessa.

— Bom dia, Vanessa! Como está tudo por aqui hoje?

— Muito cedo para dizer. Por enquanto, tudo bem. E com você?

— Estou bem também, precisando de um café do Sorriso para iniciar o dia.

— Ah! Que bom! O gosto do café é mágico quando o coração do cliente está alegre.

— Mas sabe, eu não ando alegre ultimamente. De qualquer forma, com certeza apreciarei seu deleitoso café que nunca decepciona.

— O que aconteceu?

— Não foi nada de diferente. São coisas da vida.

— Vi no Facebook que hoje é seu aniversário.

— Ah! É verdade!

— Parabéns! Desejo-lhe paz, amor e sucesso nesse novo ciclo. Inclusive, você devia ter ficado em casa para aproveitar seu dia e comemorar com seus entes queridos.

— Eu e meus colegas concordamos que o tempo é valioso. Não devemos gastá-lo com coisas desnecessárias.

— Acho que você e seus colegas se comunicam em chinês. E eu só falo português — disse Vanessa com uma risada suave.

— É que tudo vai rápido nesta vida. Se eu ficar um dia sem produzir, a empresa onde trabalho perderá muito.

— Paulo, meu amigo, você é livre de fazer o que desejar. Só não esqueça que tudo na vida é uma celebração. Por isso, não há nada de ruim em comemorar o dia em que viemos a este mundo.

Paulo abaixou a cabeça e disse timidamente: "Os homens como eu não têm essa vida". Vanessa replicou sem tardar: "Se o mundo do sucesso é assim, não quero viver nele".

Paulo continuou:

— Tem razão. É que o sucesso nem sempre é para os românticos.

— De qualquer forma, tenho um presente para você.

Vanessa se abaixou e pegou algo do outro lado do balcão. Em seguida, deu-lhe o presente embrulhado num papel dourado, ornado com uma fita rubra. Paulo pensou no amor. Pegou o presentinho e o abriu de imediato. Era *O banquete* de Platão, um belíssimo simpósio sobre o sentido do amor e da amizade.

— Nossa! — exclamou Paulo.

— O que há de surpreendente nisso? — perguntou Vanessa.

— Você está presenteando um livro escrito por um sonhador a um homem pragmático como eu?

— Sim, acredito em mudanças.

— Essa foi boa — Paulo concordou, sorrindo. — De toda forma, obrigado, Vanessa!

— Que é isso! Eu é que agradeço.

O relógio emitiu um bip. Já eram oito horas. Sem demora, Paulo se despediu e partiu apressado. O trabalho o esperava.

O artista misterioso

No quarto do novo apartamento do Paulo, havia uma cômoda básica e bem pequena, colocada quase na entrada do banheiro. Nela via-se um papel com a ilustração inacabada de uma choupana no meio de uma floresta. Paulo guardara esse desenho que havia feito aos seis anos de idade.

Além disso, havia também uma obra de arte. Era uma pintura acrílica que se chamava *O retorno*. Representava uma estrela brilhante no meio de um céu azulado. Nas extremidades da estrela, a obra era mais escura, marcada por uma mudança gradativa de tonalidade. A partir do canto esquerdo no lado inferior da tela, havia um caminho dourado que ia em direção à estrela. A cor fria do quadro promovia uma sensação de paz e serenidade no coração de quem o observava. Entretanto, Paulo nunca parava para contemplar essa pintura. Esse pequeno quadro era a única obra de arte que ele possuía naquele apartamento.

No verão de 2001, Paulo e sua família foram passear na Praça General Osório, em Ipanema. Nesse dia, naquele mesmo lugar, estava acontecendo a Feira Hippie. Rafael, o filho caçula de Paulo, com uma Alma de poeta, tinha apenas nove anos de idade. Enquanto a família caminhava na praça, o menino avistou um artista, que além de criar e declamar poemas, vendia quadros.

"Pai, quero escutar aquele poema", bradou o menino. Paulo, a mulher e os dois filhos foram até o poeta. Ao chegarem lá, perceberam a condição miserável do artista. No entanto, este se achava rico. Talvez fosse porque é preciso ter a riqueza do coração para escrever ou declamar um poema. Paulo pôs uma moeda na tigela de vidro.

O artista, sentado, olhou para eles e disse com eloquência:

"Debaixo do sol, falo comigo mesmo cantando a melodia da vida. Vejo o que olhos não veem. Digo o que ouvidos não escutam. Sou o que o mundo não quer ser. Será que sou um sábio entre os loucos? Um demente entre os homens? Ou um miserável entre os ricos? Ah! Santo Criador, não sei quem sou de verdade".

Paulo ficou sem jeito. As duas crianças pareciam se divertir com aquele poeta esquisito. A mãe atônita sorriu e colocou três moedas na tigela transparente. Logo depois, o artista riu com vontade. Sua risada era bizarra e engraçada ao mesmo tempo. A família olhou para ele, e ele olhou de volta. Juntos deram uma gargalhada alegre.

Paulo tentava compreender sua aparência. O poeta era um homem esbelto. Acontece que seu semblante, ainda que fosse pálido, era também iluminado. Seu sorriso evocava uma sensação de contentamento. Era um cidadão pobre com um cavanhaque e um bigode bem cuidados. Estava com uma camiseta rasgada, e o aroma de seu perfume era encantador. Não era difícil perceber que sua barriga estava vazia. Mesmo assim, parecia satisfeito como alguém que tivesse acabado de comer. Ora sorria como um anjo, ora franzia o cenho seriamente como se tivesse muitas preocupações.

Após olhar detalhadamente para aquele artista, Paulo pensou com seus botões: "Se ele está com uma camiseta rasgada, não deve ser porque é desleixado. Deve ser porque é a única roupa que possui". Depois de pensar nisso, colocou mais moedas naquela tigela.

O artista não perguntou à família que tema eles gostariam que desenvolvesse em seu poema. Simplesmente se levantou com orgulho e humildade ao mesmo tempo. Acariciou o bigode e o cavanhaque com delicadeza, andando de um lado para o outro. Com uma postura cênica, movia-se com graça e gesticulava como um príncipe num palácio. Olhou para o céu e começou a declamar um poema.

Enquanto falava, suas palavras rimavam com seus gestos. Estava num estado de harmonia pura.

"Sei pouco da verdade. Contudo, acredito que a vida seja uma dádiva. Viver é agradecer cada momento, cada sorriso, cada adversidade, cada abraço e tudo mais. Viver é se deliciar com a jornada e não ansiar pelo destino. Viver é encontrar o regozijo em cada passo enquanto se ruma ao desconhecido. Viver é simplesmente amar, ainda que a vida pareça zombar de nós. Viver é tudo que é amor. Então vivam como se tudo que fizessem fosse uma consagração. Andem como se estivessem bailando com a melodia do amor. Digo isso porque o batimento do coração é um verso no poema da vida. Então pensem como se estivessem meditando sobre a bênção de viver. Sob a luz do dia, dancem como se o movimento fosse uma celebração da Alma. Na noite escura, deitem-se com alegria e durmam em paz. Vivam alegremente e não temam a morte. Temer por quê? Ela nada mais é do que a noite do dia. Inspirem o ar leve da vida e pensem — Amo e sempre amarei, pois no Amor sou eu mesmo".

As crianças olhavam maravilhadas para esse espetáculo. O pequeno Rafael estava tão absorto nas palavras do homem que nem percebeu o fim do poema. Outro artista que Paulo conhecia já dizia: "A poesia é como a vida, infinita como o mar. Quando ela toca o coração do homem, nunca mais é esquecida".

"Meninos, vamos! O poema acabou", disse Paulo. O artista se calou e se sentou. "Não, pai. Quero esse quadro", replicou Rafael, apontando para uma obra de arte. Foi assim que eles compraram aquele quadro azulado do artista misterioso da Praça General Osório. Passaram-se alguns anos, Rafael desapegou-se da tela, e ela acabou ficando com o Paulo.

No fundo, Rafael era parecido com o pai. Na infância, Paulo sonhava só com duas coisas: tornar-se um grande pintor e conhecer todos os países do mundo. Com apenas cinco anos de idade, já rabiscava no caderno da escolinha alguns componentes da natureza como plantas, árvores, montanhas, vales, estrelas, animais, além de seres humanos. O pai ficava alegre sempre que se deparava com as ilustrações do filho. Paulo esboçava também coisas que seus familiares desconheciam, coisas tiradas da imaginação fértil de uma criança.

Quando não estava munido de um lápis, era um pincel, uma caneta ou um pedaço de giz. A verdade é que Paulo não passava um dia sem desenhar. Nas férias, quando não possuía mais um caderno, pintava coisas em tudo que se via na morada familiar, fossem elas cadeiras, mesas, portas, paredes, geladeira, fogão e muito mais. Deixava sua marca de artista em todas as superfícies da casa, até no piso. Quando fez seis anos, apanhou da mãe por sujar a casa com suas múltiplas ilustrações. Como punição, tinha de repetir cinquenta vezes a seguinte afirmação: "Quando eu crescer, serei médico". Aquele dia fora a última vez em que Paulo chegou a fazer um desenho completo. Desde então, nunca mais se pôs a pintar ou desenhar. Ser uma profissional na área da saúde sempre fora o sonho da mãe, mas infelizmente não entrara na faculdade. Não realizara o próprio sonho, mas prometera a si mesma que o filho amado o conseguiria.

Paulo não fez o que a mãe queria. Com rebeldia, acabou cursando a faculdade de Economia. Sendo filho de pastor, agiu também contra a vontade do pai quando faltou aos seminários evangélicos e às aulas de teologia. Contra o desejo da mãe, deixou de fazer a matrícula na faculdade de medicina. Quanto a isso, a mãe o questionou, e ele respondeu que não fora de propósito, que havia esquecido. Por fim, não seguiu nem o caminho do pai nem o da mãe. Eles demoraram para se conformarem com a escolha do filho. Às vezes, quando pensavam em tudo isso, achavam que tinham falhado na sua educação.

Quanto ao segundo maior sonho do Paulo, este também não se realizou. Logo após ter se formado, conseguiu um emprego numa renomada empresa de investimentos na bolsa. Com o passar dos anos, tornou-se o maior economista da firma. Trabalhou ali por mais de vinte anos até ser demitido. Durante todo esse tempo, foi tão requisitado pelo trabalho que nunca teve um momento para si mesmo, um momento para viajar e conhecer o mundo, como havia sonhado, um momento para desfrutar da vida com os filhos e a mulher. Agora, encontrava-se sozinho diante de seu malogro. Fracassou não somente como economista, mas também como pai de família. Depois de todos esses anos servindo à ciência do dinheiro, acabou se encontrando solitário naquele apartamento minúsculo, longe de tudo que havia conquistado e perdido.

No banheiro mínimo do apartamento, só cabia uma pessoa. Na pia, apenas um sabonete, e acima da pia, um espelho redondo. Sempre que Paulo se olhava nele, indagava com seus botões: "Por que eu?", "Por que tudo isso aconteceu comigo?". Ficava reflexivo por um instante e logo dava prosseguimento à sua rotina de todos os dias, que era ir e vir sem ter de pensar muito. Às vezes, a forma circular daquele espelho o fazia lembrar da ilustração do ciclo de renascimentos. Ele descobrira aquela expressão num livro que havia lido há alguns anos. Agora, tentava se lembrar, em vão, do autor e do título.

Sempre que tomava banho, ficava vários minutos debaixo do chuveiro e pensava na cobertura em que morara em Ipanema. Sentia falta de seu banheiro vasto, altamente enfeitado por artefatos reluzentes. Lembrava-se principalmente da cuba cristalina que cintilava que nem uma estrela no céu escuro. Recordava-se também das noites de inverno em que ficava imerso por horas no ofurô, refletindo sobre como fazer mais sucesso na vida. Tudo isso fazia parte do passado. Agora, tinha de encarar a realidade do momento presente.

Começo de um novo Ser

Numa madrugada de janeiro de 2015, Paulo acordou no meio da noite. Não era um dos pesadelos que assustavam o devasso em seus sonhos, nem uma das preocupações que atormentavam o espírito do ansioso. Já fazia sete dias que sonhara com a visita de uma Alma graciosa. Ela havia se manifestado com uma deleitosa voz e palavras apaziguadoras. Apenas disse uma frase, que foi suficiente para sossegar o coração do Paulo. Assim, ele se libertou da angústia que o assolava naquelas noites, e desde então, não parava de refletir sobre o sentido daquele sonho. Em sua imaginação, tentava reconstituir o semblante daquela visitante, mas não conseguia.

Deitado no leito, Paulo, sereno, lembrou-se de que alguns meses antes, numa noite em que não aguentava mais o fardo dos remorsos, pusera-se a chorar diante do espelho, dizendo: "Preciso de uma ajuda do Alto. Ilumine meu caminho e guie meus passos". Agora, ele se perguntava se aquele sonho inusitado fora um sinal do universo. Logo após pensar nisso, foi misteriosamente preenchido por uma sensação de paz e contentamento. Em seguida, convenceu-se de que não estava sozinho na estrada da vida. De algum modo, começou a imaginar a mão de Deus por trás de tudo que acontecia, fosse em sua vida ou na dos outros.

Mais de duas horas se passaram, e Paulo não se moveu da cama. O dia começava a clarear. O sol nascia vagarosamente no horizonte, e um de seus raios, ainda tênue, atravessou a janela do quarto. Tudo ao redor do Paulo tornou-se dourado, inclusive o lençol. Era lindo de se ver. Estupefato, levantou-se e foi até a janela. Envolto num cobertor, ficou observando o vaivém das pessoas no começo da manhã. Na vizinhança de sua morada, não muito longe, havia a Praia de Copacabana. Infelizmente, até aquele momento, Paulo não tinha o hábito de apreciar a beleza da natureza — um presente de Deus.

No alvorecer do dia, os ruídos das metrópoles se encontram adormecidos. A grande cidade do Rio de Janeiro é assim também. Perto da janela do seu apartamento, Paulo olhava para as ruas que estavam praticamente desertas. Tudo ali estava calmo e tranquilo. Ele sempre morara no Rio, mas jamais havia vivenciado um silêncio tão genuíno e rejuvenescedor da Alma. Colocou a cabeça fora da janela e sentiu a brisa lhe tocar o rosto. Algo dentro dele vibrou. Sentiu uma breve agitação em seu interior, porém não soube dizer o que era. Simplesmente teve vontade de ir até à praia.

Em seguida, pegou um caderno e uma caneta e os colocou na mochila. Desceu com pressa e dirigiu-se à praia. Quanto mais se aproximava do mar, mais tinha a sensação de se distanciar de seus pensamentos e preocupações. A praia ficava a dez minutos do seu prédio. No entanto, o tempo voou, e ele chegou ao seu destino sem perceber.

Ao chegar lá, pôs-se diante do mar. Para surpresa sua, reparou no céu, que estava ornado por um arco-íris. O mar, ora agitado, rugia como uma tempestade, ora manso, cantava a doce melodia do silêncio. Com gorjeios alegres, os passarinhos se apossavam do céu e voavam no azul infinito.

O mar lhe parecia infindável, incorruptível pelas oscilações das ondas, fossem elas turbulentas ou mansas. O mar estava ali, pleno como a vida. Assim havia permanecido e permaneceria para sempre, imperturbável pela bondade e ganância de seus admiradores humanos, relutante a todo tipo de intempérie natural. Aquela infinitude do mar lhe trazia uma sensação de muita paz, serenando seu coração.

Paulo olhou profundamente para a corrente infinita e ficou siderado, pois nunca havia visto a natureza dessa forma. Apenas ficou de pé, em silêncio, observando as ondulações da água que se estendiam e que nunca acabavam. A agradável brisa que circunvizinhava o oceano acariciou sua pele. Seu rosto cintilou, e ele se viu pequeno diante da magnitude da criação.

Em seguida, fechou os olhos com humildade e, em seu âmago, agradeceu ao criador. Assim como muitos homens passam perto da beleza sem jamais percebê-la, Paulo sempre esteve ao lado do mar, mas nunca chegara a conhecê-lo como agora. Talvez fosse porque sempre andara com a mente preocupada.

Depois disso, foi se sentar num banco à beira-mar e começou a desenhar no seu caderno. Não muito longe de onde estava, encontrava-se a escultura de um homem, com o aspecto meditativo, sentado de costas para o mar, num banco do calçadão. Essa estátua, O Pensador da Praia de Copacabana, honra a memória de Carlos Drummond de Andrade.

Os raios solares já haviam se multiplicado. Um novo sol começou a brilhar nos dias do Paulo, e ele se sentia agradecido por perceber isso. Dessa maneira, nunca mais pensaria ou agiria como antes. Já não era mais o mesmo.

Ali estava ele, sentado no banco, meditativo, com o desenho inacabado do nascer do sol nas mãos. De repente, uma moça apareceu e disse:

— Tive de andar mais de uma hora para chegar até aqui. Estou um pouco cansada, posso me sentar perto de você?

— Pode, claro!

Paulo ficou um pouco surpreso pelo jeito da moça. As pessoas nem sempre pediam permissão antes de se sentarem nos bancos públicos.

Ele arrumou suas coisas para lhe dar espaço. Ela se sentou e logo tirou um livro da bolsa. Era *Sidarta* de Hermann Hesse. Em silêncio, Paulo pensou: "Esse livro não deve ser fácil de ler".

Parece que a moça ouviu o pensamento do Paulo e logo disse: "Nem todo mundo gosta desse livro. Alguns dizem que a linguagem é poética. Entretanto, quando se lê com o coração, percebe-se como a história do Sidarta é interessante".

— Um dos meus amigos começou a ler esse livro, mas logo parou. Acredito que ele não estava pronto para isso.

Ela ponderou e falou: "O homem é como um rio. Um dia ele chega ao mar".

Ela se sentiu bem acolhida ao lado do Paulo, e ele também se sentiu feliz em estar conversando com ela. Os dois sorriram um para o outro. Em seu interior, Paulo teve a sensação de conhecê-la há muito tempo, como se ela fosse uma amiga antiga. Era uma moça delicada, com o rosto fino. Seu cabelo castanho escuro chegava até os ombros. O sorriso no canto da boca parecia eterno. Através dos óculos, viam-se os olhos que cintilavam de alegria. Ela parecia uma pessoa calma e sempre disposta a ajudar quem precisasse. Com um ar meigo, evocava a serenidade de uma Alma encantada com a vida. Tudo nela era simples e luminoso.

Paulo sentiu que a presença dela era o que faltava no seu desenho. Ele, então, pegou a caneta e o caderno e começou a desenhar o banco onde os dois estavam sentados. Pouco tempo depois, ela olhou para ele e disse: "Nossa! Que desenho bonito!".

— É o nascer do sol.

— Então hoje você acordou cedo?

— É, eu queria fazer uma coisa diferente. Cheguei aqui quando a aurora ainda pairava no céu da nossa cidade maravilhosa. Eu me senti inspirado para trazer o caderno e a caneta comigo. Há muito tempo que eu não desenho.

Ela fechou o livro e disse: "Sabe de uma coisa? Em vez de ler, vou continuar a conversar com você". E acrescentou, sorridente: "Se você não se incomodar".

O que Paulo mais precisava naquele momento era um ouvido amigo para escutar seu desabafo. Nas cidades grandes como o Rio, é difícil encontrar alguém que se ofereça para escutar. Isso acontece porque geralmente as pessoas preferem mais falar. Sabendo disso, Paulo se alegrou com a disponibilidade da moça misteriosa. Então ele perguntou:

— Tem certeza? Minha história não é das mais belas.

— Por isso será um grande prazer ouvi-la — disse ela, graciosa.

Paulo começou a falar:

— Por onde começo? Há tanta coisa para contar. Acredito que o tempo não será suficiente.

"Temos o tempo de uma vida", disse a moça, sorrindo. Colocou o livro *Sidarta* de volta na bolsa. Juntou as mãos e disse, contente: "Estou de coração aberto para receber o que vier".

Tudo isso era uma experiência nova para o Paulo. Ele ficou meio sem jeito e não conseguia começar sua narrativa. Em seu âmago, queria compartilhar sua história com ela. Porém ficou receoso por achar que primeiro era preciso conhecê-la um pouco mais. Às vezes, mesmo com os olhos arregalados, o medo é capaz de roubar momentos em que o universo quer nos oferecer um afago. Na verdade, como muitos outros homens, Paulo tinha dificuldade em aceitar os presentes da vida.

Para sorte sua, aquela moça não era uma pessoa comum. Seu sorriso por si só era como uma dádiva, e Paulo não conseguia esconder a felicidade que sentia por estar perto dela. Com elegância e paciência, ela percebeu que só faltava um pouco de coragem para que ele fizesse o que seu coração desejava. Portanto, ela prosseguiu a conversa:

— Você mora perto daqui?

— Moro, não muito longe daqui. Faz dois anos que eu me mudei para cá.

— Ah! É mesmo? Você morava onde?

— Em Ipanema, num apartamento com vista para o mar.

— Devia ser bonito!

— É verdade! Era um apartamento suntuoso. De vez em quando, sinto falta daquilo.

— Puxa! Que pena!

Os dois ficaram em silêncio por um breve instante.

"O mar é esplêndido, não acha?", a moça disse gentilmente, trazendo Paulo de volta para a conversa, para o momento presente.

— Concordo. É grandioso!

— Os momentos do dia que mais gosto são o nascer e o pôr do sol. Através deles, sinto a presença de Deus. E você?

— Não sei responder. A verdade é que acabei de descobrir que o dia é feito de momentos. Nunca tinha pensado dessa forma.

— Imagine você sentado à beira do mar, contemplando seu azul infinito e vendo o sol nascendo ou se pondo. Enquanto isso, a cor do céu vai mudando a cada segundo. Existe coisa mais linda do que a natureza se manifestando em mil cores?

— Percebo o quanto perdi com a minha antiga vida sem um momento para respirar e contemplar a natureza. Agora entendo o que minha ex-mulher sempre falava a respeito do mar.

— Gostaria de compartilhar comigo?

— Gostaria, com certeza! O nome dela é Renata. Ela gostava de ir à praia e se sentar num banco para apreciar o mar e o vaivém das pessoas. Também caminhava no fim da tarde, quando o sol já não estava mais tão quente. Adorava ir até as pedras do Arpoador para contemplar o pôr do sol. Nesse momento, as pessoas costumam bater palmas diante desse espetáculo maravilhoso. Ela sempre me chamava para irmos juntos, mas infelizmente eu nunca conseguia arrumar tempo.

— É mesmo?

— Às vezes, sinto falta dela, mas devo aprender a aceitar as coisas como são.

— Tudo passa, meu amigo. Dizem que o tempo é o melhor remédio. Mas agora aproveite o momento atual. Olhe para a beleza ao seu redor, perceba como a criação é generosa.

— É verdade! Eu me lembro de ter lido certa vez uma citação de um autor desconhecido que dizia: "Deus é natureza, beleza, justiça e amor". Não há palavras para expressar a perfeição desse Ser Universal. Estando aqui agora e olhando para o mar infinito, percebo que tudo que sabemos de Deus é apenas uma gota d'água. Penso que a verdade genuína deve ser mais extensa que o oceano.

— Que bonito! Suas palavras soam como uma poesia.

— Obrigado por pensar assim.

A moça se inclinou na direção do Paulo e perguntou com curiosidade: "Então, você nasceu nesta região?".

— Nasci e fui criado aqui. E você?

— Sou carioca também. Morei aqui quarenta e oito anos. Depois eu me mudei para o Canadá, onde moro com meu marido há vinte anos.

— Olha! Que interessante! Eu agora estou com quarenta e oito anos.

— Eu poderia ser sua mãe.

Os dois deram uma risada. Paulo começou a se sentir mais à vontade. Então, prosseguiu:

— Você está a passeio aqui?

— Estou. Venho ao Brasil todo ano, fugindo do frio do Canadá. Não sou amiga do inverno.

— Seu marido não se importa com o fato de você viajar sozinha?

— Não. O interessante é que ninguém nunca me pergunta se eu não me incomodo de ele não vir comigo.

"É mesmo! Desculpa!", Paulo disse envergonhado. Sempre sorridente, ela replicou: "Relaxa! Tudo bem! Todo mundo me pergunta se o meu marido não se importa".

— Percebo que na nossa sociedade, não conseguimos enxergar a mulher como um ser autônomo, independente do marido.

— Verdade!

— Mudando de assunto, o que eles acham da nossa belíssima cidade lá no Canadá?

— Olha só! Que pergunta interessante! Acham que vivemos celebrando a vida o dia todo. Sabe, tenho um aluno do Canadá que uma vez veio ao Brasil e me perguntou: "Onde está a música?". E eu respondi: "As pessoas no Brasil não tocam música o tempo todo. Elas têm uma vida normal. Trabalham, dormem e fazem coisas sérias também". Acontece que ele achava que ao chegar no Brasil, escutaria música e veria as pessoas dançando em todos os cantos da cidade.

Eles deram uma gargalhada. Ela prosseguiu: "Fico surpresa de ver como as pessoas criam os estereótipos e acreditam neles!".

— É uma realidade terrível.

— E você, tem irmãos?

— Não. Sou filho único.

— Já desejou ter irmãos?

— Às vezes, sim, depende do meu humor.

— Os filhos únicos desejam ter outros irmãos. Tenho cinco, posso te oferecer um deles de presente se quiser.

— Um só é pouco. Quatro deles seria melhor para mim.

Eles riram à vontade. Paulo começou a se sentir mais livre para falar, mas no momento em que ia começar a contar mais de sua vida, ela recebeu uma mensagem. Olhou para o celular e disse: "Preciso ir". Ao se despedir, ela o abraçou. Ele foi preenchido por um amor incondicional, fluindo dentro de si como jamais havia sentido antes.

Ao partir, ela disse com calma: "Até a próxima!".

Paulo se apressou em perguntar:

— Desculpe! Esqueci de perguntar o seu nome.

— Meu nome é Karina, sua nova amiga.

— E eu me chamo Paulo. Prazer em conhecê-la!

— Prazer também!

Com essas palavras, Karina deixou a praia, e Paulo permaneceu sentado ali por algum tempo. Finalmente, levantou-se e olhou para o mar. O mundo que o cercava estava sereno, e as ondas moviam-se como se estivessem dançando. Pela primeira vez em dois anos, ele se sentiu feliz com aquela vista do mar. Naquele momento, esqueceu seus problemas e ficou satisfeito com toda a graça que recebia em sua vida.

Com essa alegria, sorriu suavemente e principiou o caminho de volta para casa, curtindo o sol da manhã. Com sua pele morena, estava charmosíssimo sob o astro luminoso. Será esse um novo sol na existência do Paulo? Ou será o Paulo, um homem renovado com uma nova visão? De qualquer forma, naquele momento, ele já não era mais o mesmo. Uma coisa embutida em seu recôndito mudou, e ele percebeu isso em silêncio.

*Na vida familiar, o amor é o óleo que alivia o atrito,
o cimento que une e a música que traz harmonia.*

Friedrich Nietzsche

Dr. Amaro e D. Clymène

A família da Karina tem membros provenientes de diferentes pontos geográficos. D. Clymène, sua mãe, nasceu em Belo Horizonte. Com três anos de idade, ela e seus pais se mudaram para Ouro Preto, onde o pai começou a dar aulas de Geologia na Escola de Minas de Ouro Preto. Hoje em dia, a Escola de Minas é a Universidade Federal de Ouro Preto. A avó da D. Clymène, Louise Jane, era inglesa, de Truro, na Cornuália. Ela viera para Ouro Preto com dezenove anos, quando seu pai, que também era inglês, foi trabalhar como engenheiro nas minas de ouro daquela região.

Após ter chegado a Ouro Preto, D. Lulu, como a bisavó inglesa era conhecida na cidade, casou-se com um baiano, Archias, e tiveram nove filhos. Apesar de Karina nascer muito tempo depois de D. Lulu falecer, ela sempre se sentiu ligada à sua bisavó, como se as duas fossem a mesma e única pessoa num passado longínquo. Por isso, na infância, ouvia atentamente quando a vovó Daisy narrava histórias sobre sua bisavó.

Certa vez, quando Karina era criança, perguntou à mãe: "Mãe, não acha que sou parecida com a minha bisavó inglesa?". Ao pensar que essa pergunta vinha da imaginação de criança, a mãe respondeu com amor: "Acho, sim, meu bem". Anos depois, Karina foi passar um tempo em Londres e assim convenceu-se de seu elo intangível, mas profundo, com sua bisavó. Sentiu-se em casa na Inglaterra, como se já tivesse vivido lá há muito tempo. De algum modo, o suposto laço que a ligava à bisavó, ainda que fosse recôndito na Alma, sempre permaneceu inflexível e inquebrantável em seu coração.

Os membros das famílias dos pais da Karina eram amigos. Eles se conheciam pelo fato de morarem numa cidade pequena, onde todos participavam da vida uns dos outros. Quando criança, D. Clymène era amiga da Vera e da Diva, irmãs do Amaro. Sempre que as visitava, via de longe o irmão das duas. Pouco a pouco, de curiosidade à ternura, aprendeu a gostar do Amaro até os dois se tornarem namorados e mais tarde se casarem.

Amaro tinha horror de morar em Ouro Preto porque bastava alguém dar um espirro para todo mundo ficar sabendo. Ali não havia privacidade nenhuma. Quando Amaro era criança, com apenas dois anos, teve pneumonia. Uma pessoa soube disso e contou para outra, que contou para outra, e assim por diante. Em pouco tempo a cidade toda ficou sabendo do fato. Mais tarde naquele mesmo dia, chegou uma coroa de flores na casa do Amaro. Acontece que a pessoa que mandou as flores havia recebido a notícia de que o pequeno Amaro já tinha morrido.

Dr. Amaro era uma pessoa discreta. Fazia tudo sem chamar atenção. Era principalmente por isso que ele detestava a fofoca das cidades pequenas. Então, quando se casou com D. Clymène, os dois optaram por ir morar no Rio de Janeiro, razão pela qual a Karina e todos seus irmãos eram cariocas.

Amaro e Clymène faziam parte da Tradicional Família Mineira, também conhecida como TFM. O que mais caracteriza a TFM é o fato de os pais serem severos, bastante tradicionais e profundamente conservadores em relação a valores morais e religiosos. Além disso, gostam de ter muitos filhos, e quando não têm, ficam seriamente preocupados.

Dr. Amaro e D. Clymène ainda não tinham tido filhos três anos depois de se casarem. Então, como bons católicos, fizeram uma promessa a Deus: "Se tivermos filhos, o primeiro homem será chamado José e a primeira mulher Maria". Três anos depois de se comprometerem com a Graça Divina, começaram a ter filhos. Abriram a torneirinha e não queriam parar mais.

Tiveram seis filhos. Karina foi a quinta deles. Para ela, foi uma posição ótima porque os pais já estavam cansados de ficar atrás das crianças, dizendo o que elas tinham de fazer ou não fazer. Apesar de os pais serem severos em alguns aspectos, o dia a dia da Karina era bastante sem pressão. Ela se sentia livre como um passarinho e assim passou ótimos momentos em sua infância. Na época, brincava na rua com os irmãos e com os amigos. Passeava alegre nas ruas arborizadas do bairro de Botafogo, onde moravam. Em outros momentos, andava de bicicleta e de patins. Às vezes, ia assistir aos meninos jogando futebol na rua.

Essa foi uma época em que as crianças desfrutavam da liberdade de brincar e andar nas ruas sem terem medo de nada. Os pais também não se preocupavam com essa liberdade dos filhos. Dessa forma, as crianças aprendiam cedo a serem responsáveis por si mesmas. Foi uma era diferente, em que o perigo se fazia raro nas ruas, um período em que a desconfiança não aprisionava as relações humanas. Mas o tempo passa e as coisas mudam. O difícil é quando elas pioram sem que sejam percebidas.

D. Clymène veio de uma família do Ceará onde os primos se casavam entre si. Por causa desses casamentos intrafamiliares, havia alguns membros esquisitos na família. Eram pessoas que não gostavam de sair de casa e se fechavam no quarto por horas. Por sorte, D. Clymène era uma mãe especial, adepta do ar livre e amante da vida em sociedade. Ela era assim principalmente por não ter tido uma infância agradável. Quando ainda bem jovem, teve de cuidar dos irmãos. Acontece que ela fora filha única durante onze anos. Sua mãe desejava ter mais filhos, mas infelizmente, teve vários abortos naturais. Finalmente quando Clymène fez onze anos, nasceu seu irmão Frederico. Depois de o irmão nascer, a mãe começou a pedir a Clymène para tomar conta dele. Três anos depois, nasceu outro irmão chamado Vinício. Sendo assim, os melhores momentos que D. Clymène teve na infância foram até os onze anos de idade. Isso se refletiu em seu comportamento com os próprios filhos. Ela não queria que Karina e seus irmãos fizessem coisa alguma por obrigação na morada familiar. Essa forma mais liberal de educar os filhos incomodava a avó da Karina, D. Daisy. Ela achava o cúmulo o jeito condescendente com o qual a filha criava os filhos. Portanto, Karina e seus irmãos cresceram brincando, sem pressão e sem obrigação.

De algum modo, D. Clymène tinha medo de seus filhos puxarem as pessoas esquisitas da família e pensava diferente das mães daquela época. Certa noite, reuniu os filhos e lhes disse, sorridente: "Vocês devem sair de casa, conversar com pessoas novas, ir a festas, divertir-se com as belezas da natureza, apreciar a vida e conhecer o mundo afora. É assim que se vive bem, meus queridos". Para ela, uma criança tinha de ficar fora de casa e apreciar o júbilo da puerícia. Costumava deixar Karina e seus irmãos brincarem na rua. Ela era diferente dos pais dos amigos que os prendiam em casa, tolhendo sua liberdade.

Numa noite em que as estrelas se colocaram perto da lua para brilhar com ardor, D. Clymène disse à Karina num canto da casa: "A alegria de viver é como uma chama que se guarda no coração. Então, minha filha, nunca deixe o vento da adversidade apagá-la. Essa luz no seu interior é tudo que é preciso para se viver bem. Você pode sonhar com tudo que desejar, mas nunca se esqueça de cuidar da sua luz interna". Karina era muito nova na época, porém as palavras da mãe ficaram gravadas em sua memória.

Dizem que a melhor forma de educar uma criança é ser o próprio exemplo. D. Clymène não era uma pessoa qualquer. Era diferente dos pais que diziam aos filhos: "Não minta!", e no dia seguinte, contavam mentiras diante deles. D. Clymène não somente educava os filhos pelo exemplo, mas também buscava sempre o sentido do amor em tudo que fazia. Desse modo, Karina aprendeu a viver sempre se inspirando na forma positiva da mãe.

Seu pai, Dr. Amaro, também era uma pessoa especial, apesar de ser um pouco mais sério que a mãe. Era engenheiro civil e trabalhava no Departamento Imobiliário do Banco do Brasil. O que havia de mais interessante com esse emprego era que ele podia escolher trabalhar tempo integral ou apenas seis horas por dia. Ele escolheu trabalhar de doze às dezoito horas para poder passar tempo com a família na parte da manhã.

Todos os filhos estudavam numa escola pública perto de casa na parte da tarde. Desse modo, a família aproveitava as manhãs para passear num parque ou ir à praia. Para aproveitar mais cada manhã, saíam cedinho de casa e voltavam um pouco antes das onze horas. Em seguida, almoçavam e cada um tomava rumo para o trabalho e a escola. D. Clymène ficava em casa, cuidando de seus afazeres domésticos.

Chegou um momento em que D. Clymène, após ter dedicado toda sua vida à família, desejou ardentemente trabalhar fora como professora. Ela havia se formado na Escola Normal de Ouro Preto e agora, quando os filhos já estavam crescidos e não precisavam tanto dela, percebeu que era hora de ter uma vida profissional.

Dessa forma, D. Clymène criou coragem e compartilhou seu desejo com o Dr. Amaro. Por ser de uma família tradicional de Minas, ele respondeu: "Não gosto dessa ideia, mas se é importante para você...". Ao que ela replicou: "Eu realmente preciso disso". Amaro aquiesceu com um olhar tímido e acrescentou: "Tudo bem! Veremos até onde isso vai".

Algum tempo depois, ela passou num concurso para ser professora do Município e começou a dar aulas no curso supletivo de uma escola do subúrbio do Rio. No primeiro dia de aula, quando voltou para casa, Amaro lhe disse: "Estou triste com isso". D. Clymène olhou para o marido com ternura e expressou: "Vou desistir, já que você está tão triste". Os dois se fitaram com amor e tristeza ao mesmo tempo. Amaro se sentiu mal por não apoiar a mulher em seu sonho. Naquele exato momento, encontrou-se dividido entre os costumes da tradição e a felicidade da esposa. Depois de pensar profundamente alguns minutos, falou:

— Não quero ver você tão triste. Continue a ensinar na escola. Mas há uma coisa, uma única condição.

— Que condição?

— Não poderá gastar seu dinheiro na casa. Sou o único provedor — disse ele.

— Está bem — respondeu D. Clymène com satisfação.

Apesar de ser uma pessoa especial, Dr. Amaro não pensava diferente da consciência social da época. A tradição ensinava que só o homem deveria sustentar o lar familiar. A mulher tinha de ficar em casa e cuidar dos filhos. Assim, via-se uma boa dona de casa, passiva e carinhosa, sempre à disposição para agradar o marido e atender as necessidades dos filhos. Naquele período, isso era visto como a característica principal de uma família típica brasileira.

Felizmente, Dr. Amaro era um homem compassivo. Ele sabia se colocar no lugar dos outros e sentir a tristeza alheia. Também tinha facilidade em perceber quando estava errado, uma característica que o diferenciava de seus amigos. Ele não se incomodava de mudar sua opinião quando era preciso. Dessa maneira, compreendia as necessidades da esposa.

Já que não gastava seu salário nas despesas da casa, D. Clymène satisfazia os desejos dos filhos com coisas supérfluas. Às vezes, Karina chegava para a mãe e dizia: "Mãe, tem uma festa no sábado, e eu adoraria ter um vestido novo". Sem pestanejar, saíam e compravam o que era necessário para a festa. Além de satisfazer esses pequenos caprichos dos filhos, fez um pé de meia e acabou comprando um apartamento em Ipanema. Usava aquele dinheiro de forma bem positiva. A verdade é que ela era uma mulher realizada, autônoma e responsável por seu bem-estar.

D. Clymène encontrou alegria e contentamento na bênção de ensinar. Com o passar dos anos, tornou-se uma pessoa mais aberta porque, onde trabalhava, podia conversar com as colegas. Consequentemente, seu universo se expandiu, deixando-a mais interessante do que fora antes do trabalho. Dr. Amaro, quanto mais percebia as mudanças da esposa, mais se apaixonava por ela. Os dois se amavam sinceramente e com a simplicidade do amor, cuidavam adequadamente dos filhos. Karina e seus irmãos eram afortunados de terem nascido naquela família.

Uma coisa interessante nessa história é que ainda que Karina e seus irmãos tivessem tido a mesma educação proveniente dos mesmos pais, cada um deles tinha seu próprio modo de ser e de enfrentar a vida. Certa noite, deitada em silêncio em seu leito, Karina ficou se perguntando sobre o que fazia seus irmãos e ela serem tão diferentes um do outro. Ao longo dos anos, foi percebendo que as Almas vêm a este mundo com suas respectivas bagagens. E essas bagagens diferem de uma Alma para outra. Enquanto uns nascem como reis, outros nascem como servos. Será que a Justiça Divina coordena tudo que existe?

O trabalho ideal

Karina nasceu no Rio de Janeiro e morou quarenta e oito anos na Cidade Maravilhosa antes de se instalar definitivamente no Canadá. Apesar de o Rio ser a Cidade Maravilhosa, ela sempre se sentia aí como um peixinho fora d'água.

O Rio é conhecido por ser um local onde muitas pessoas colocam a atenção no corpo físico, e Karina, desde pequena, sempre foi magrinha e muito branquela. Fugia totalmente do padrão de beleza da época. Tentava a todo custo se bronzear para ter uma aparência mais "normal" e ganhar uns quilinhos para se sentir aceita no meio dos rapazes que naquela época gostavam de meninas mais rechonchudas.

Também quanto ao modo de ser, diferenciava-se dos amigos, visto que ela vivia querendo buscar a verdade sobre si mesma, um hábito que não era comum das moças daquela época. Ela era uma menina boa, e percebia, em silêncio, que algumas pessoas a achavam ingênua por não saber tirar proveito das situações. Confundiam ser boa com boba.

Desde criança, Karina tinha uma certa tristeza que não sabia explicar. Sentia um vazio enorme no peito. Às vezes chorava na escola. A professora a colocava num canto da sala e lhe perguntava: "Por que você está chorando?". E ela respondia: "Não sei". Não sabia o que acontecia consigo. Só sabia que sentia uma insatisfação enorme no seu coração.

Por ser de uma família tradicional católica, desde pequena ia à missa todos os domingos e comungava com muita frequência. Mas aos quinze anos, começou a perceber uma mudança em seu interior. Já não tinha mais vontade de ir à missa e começou a mentir para o pai quando ele lhe perguntava: "Foi à missa?". Ela, com um simples aceno da cabeça, dizia que sim. Achava que, para a felicidade de todos, era melhor contar uma mentirinha do que criar uma desarmonia na família.

Ela tinha cinco irmãos, e o salário do Dr. Amaro, ainda que fosse bom, não era o suficiente para a família fazer coisas extras. Os filhos estudavam numa escola pública perto de casa e podiam ir e voltar da escola a pé. O interessante é que essa escola ficava perto de uma comunidade carente. Naquela época, as favelas não eram centros de traficantes de drogas, e alguns colegas de turma da Karina eram crianças oriundas dessa comunidade. Assim ela aprendeu a lidar com pessoas de diferentes patamares da sociedade. Desde muito cedo, percebeu que na essência todos os homens são iguais e que a posse material e a aparência física não deveriam definir o valor de uma pessoa. Essa constatação social foi o primeiro acontecimento que ajudou a forjar seu caráter como sendo uma pessoa que respeitava todos.

Embora não soubesse, tudo em sua vida caminhava para grandes mudanças futuras. Quando tinha treze anos, houve um acontecimento que determinou a direção que ela iria tomar como adulta. Certo dia, uma das amigas que morava na mesma rua que ela expressou com alegria: "Vou estudar inglês na Cultura Inglesa". No mesmo instante, outra amiga disse: "Vou perguntar à minha mãe se eu posso estudar lá também". Karina logo pensou em fazer a mesma coisa, achando que talvez fosse ter uma resposta negativa quando perguntasse à sua mãe. Mas para surpresa sua, D. Clymène consentiu imediatamente.

Sem esforço e levando o estudo do inglês na brincadeira, Karina cursou os sete anos da Cultura Inglesa, passando no exame de Proficiência da Universidade de Cambridge da Inglaterra, formou-se como professora e tradutora de inglês e português, e mais tarde usou o inglês para ser comissária de bordo internacional. Fez isso só durante cinco anos, e essa pausa entre as aulas que lecionava serviu como uma ponte na sua busca por sua verdadeira identidade. Ao se aposentar quando tinha quarenta e oito anos, o fato de falar inglês fluentemente ajudou quando decidiu morar na Austrália, e depois no Canadá.

Outro fato importante na vida da Karina foi que o Dr. Amaro, formado como engenheiro, tinha descoberto bem cedo sua vocação pela medicina. Mas por não haver uma faculdade de medicina em Ouro Preto, não teve outra opção a não ser estudar engenharia. Mas a vontade de exercer a medicina seguiu com ele por toda a vida. Interessou-se pela homeopatia, e sempre que alguém na família sentia alguma dor ou mal-estar, consultava um guia de homeopatia e mandava aviar a receita numa farmácia homeopática perto de casa. Dessa forma, Karina cresceu sem antibióticos e outros medicamentos que causavam efeitos secundários. Mais tarde, quando já adulta, olhava para trás vendo todas essas bênçãos que recebeu ao escolher fazer parte daquela família.

Paralelamente aos últimos anos da Cultura Inglesa, Karina cursou a Escola Normal e formou-se como professora do ensino fundamental. Aos dezessete anos começou a dar aulas numa escola pública em Brás de Pina, subúrbio do Rio. Gostava de dar aulas, mas ser babá de alunos indisciplinados era uma coisa com a qual não se identificava de todo. Um dia, depois de três anos como professora, chegou em casa e disse para a D. Clymène: "Mãe, eu não sou professora; sou mártir!". A mãe imediatamente sugeriu: "Então saia".

Saber o que não queremos e do que não gostamos é muito importante para servirmos à vida e encontrarmos a felicidade. Esse foi o primeiro passo. Logo após ter deixado esse primeiro emprego, Karina começou a dar aulas em um curso de línguas como professora de inglês. Os alunos eram adolescentes, e no primeiro dia de aula, ela ouviu a orientação de uma vozinha interna: "Mostre que é amiga e não inimiga. Seja cúmplice deles". Assim, durante as aulas, conseguiu passar momentos bem agradáveis com os alunos.

Mas lidar com adolescentes ainda não era sua praia, e ela então começou a dar aulas particulares para adultos. Naturalmente alguns alunos tinham mais dificuldade em aprender do que as crianças e adolescentes, porém pesava de forma positiva o fato de pagarem do próprio bolso e terem a motivação interna. Que alívio não ter de lidar com disciplina! Logo percebeu que, para ela, essa era a forma ideal de ganhar a vida, fazendo boas amizades com os alunos e se divertindo a valer.

Carpe Diem

Embora já trabalhasse como professora de inglês há algum tempo, Karina desejava ter a experiência do dia a dia em algum país de língua inglesa. Sentia que assim poderia dar aulas melhores para os alunos. Em 1972, depois de algumas tentativas frustradas, aproveitou as férias para fazer um curso de inglês em Londres.

As tentativas frustradas de viajar nos anos anteriores se deram principalmente porque ela espalhava para os quatro cantos que iria à Inglaterra nas férias. Na hora H, a viagem não saía. Então decidiu não falar para ninguém e planejar a viagem sem alarde. E a viagem saiu. Algumas pessoas acreditam que nossos planos não dão certo por causa do olho gordo. Karina sabia no fundo do coração que era porque a energia se dissipava quando falava de alguma coisa que gostaria de fazer no futuro. Assim, bem cedo na vida, aprendeu a guardar a energia para um determinado plano e a seguir a lei do silêncio.

Na escola de Londres, com alunos de várias partes do mundo, havia outra brasileira chamada Eliana, que precisava trabalhar para se manter enquanto estudava inglês. Certo dia, ela chegou para a Karina e disse:

— Oi, Karina! Eu sei que você consegue se comunicar bem em inglês e preciso de sua ajuda para arrumar um emprego. É que eu não consigo me comunicar com os empregadores. Você poderia ligar para esse número e falar com eles em meu nome? Pode falar que viu o número num jornal, que você se chama Eliana e que está interessada no trabalho.

"Ok! Tudo bem!", respondeu Karina sem pestanejar. Ligou para o número que estava no jornal e falou com uma moça, que ficou contente e animada com seu inglês. Era um emprego de au pair, que consistia em ficar hospedada na casa de uma família para cuidar de uma criança e ajudar no que fosse preciso. Em troca, ganharia um dinheirinho para os gastos do dia a dia. O bom de ser au pair era que não precisava ter despesas com o alojamento e nem com a alimentação.

Julie, a moça que precisava de uma au pair, pediu à Karina que estivesse em sua casa no dia seguinte às dezessete horas para uma entrevista. Karina achava que ali havia terminado sua ajuda à Eliana. Mas logo percebeu que não. Esta lhe pediu: "Por favor! Venha comigo porque não saberei me comunicar durante a entrevista".

Karina não conseguiu dizer não. E lá foram as duas no dia seguinte para a tal da entrevista. Quando Julie abriu a porta, deparou-se com duas pessoas e estranhou isso num primeiro momento. Karina, então, explicou que só estava acompanhando a amiga que não sabia se comunicar bem em inglês. Julie lhes disse gentilmente: "Eu preciso de uma au pair porque costumo passar o dia fora resolvendo várias coisas. O problema é que não posso deixar meu filho com uma pessoa que não poderia pedir ajuda numa situação de emergência". Ela se virou para a Karina e acrescentou: "E você? Não gostaria de ser au pair?". Karina precisava voltar para o Brasil em março a fim de continuar a dar aulas no curso de inglês, mas a vozinha interna lhe sugeriu que perguntasse: "Eu posso lhe dar uma resposta amanhã?".

Apesar de já estar com vinte e cinco anos, ainda tinha de perguntar aos pais se podia ficar em Londres por mais tempo. Ligou para eles, e eles responderam: "Se você quiser fazer isso, tudo bem!". Assim, decidiu aceitar essa experiência que a vida estava lhe proporcionando. Carpe diem! Já a Eliana conseguiu um emprego para ajudar um casal de velhinhos. No final, deu tudo certo!

O rapaz dessa família onde Karina foi au pair tinha vinte e oito anos, sua mulher vinte e sete, e os dois tinham um filho de dois anos. Eles moravam num subúrbio na parte norte de Londres e tinham também um apartamento na Riviera Francesa, no sul da França, numa cidade chamada Juan-les-Pins. Em maio daquele ano, a família e Karina passaram três semanas nesse lugar. Tudo ali era bonito. O perfume das flores era encantador. O céu era bem claro e os pássaros alegravam com seus gorjeios os que estavam presentes na região. Karina curtiu a oportunidade de conhecer esse lugar tão especial e expressar as poucas palavras que sabia em francês. Lembrou-se de sua primeira aula de francês aos dez anos de idade. A professora tentava sentir o nível da turma, e depois de pedir à Karina que lesse algumas frases simples, perguntou-lhe: "Você já estudou francês?". Ela respondeu que não, e percebeu uma ponta de incredulidade no rosto da professora. Agora estava tendo essa experiência no Sul da França e tinha uma sensação de déjà vu. E ela se perguntava por quê.

No total, Karina ficou com essa família cinco meses, de fevereiro a junho. Nesse espaço de tempo, aperfeiçoou seu inglês e conheceu duas novas culturas, novas pelo menos na vida presente. Em julho, aproveitou para fazer um curso de treinamento de professores de inglês em Londres antes de retornar ao Brasil, sentindo-se assim mais preparada para retomar as aulas.

No voo de volta ao Brasil, a tripulação que servia o jantar aos passageiros chamou sua atenção. Todos tinham um aspecto saudável, e era fácil de imaginar a vida glamorosa que levavam, voando de cidade em cidade pelo mundo. Karina simplesmente pensou: "Puxa! Seria uma boa ideia ser aeromoça". Foi um desejo passageiro, que mais tarde iria se concretizar.

As pessoas nunca voltam iguais depois de conhecerem outros lugares e outras realidades. Em Londres e na Riviera Francesa, Karina tinha se sentido como se estivesse em casa, e ao voltar para o Rio, a sensação de vazio no peito e de ser um peixinho fora d'água se intensificou. Aquela vida de curtição de praia e de outros divertimentos era superficial para ela, mas sabia que mais cedo ou mais tarde encontraria um modo de vida que a satisfizesse. Enquanto isso, D. Clymène se preocupava com a filha. Achava que ela estava passando por um momento de depressão e decidiu levá-la a um médico. Ele prescreveu uns medicamentos, e em pouco tempo a vida pareceu voltar ao normal.

Certo dia, quando tudo parecia correr bem, Karina parou e pensou: "Se esses remédios podem me deixar feliz assim, deve haver alguma coisa além deles que também pode me colocar nesse estado positivo". De um dia para o outro, sem a aprovação da mãe, parou de tomar os remédios e começou a buscar aquela coisa que não sabia o nome, mas que sabia existir em algum lugar.

Esse momento particularmente difícil para ela foi na verdade o início de sua vida espiritual. Há sempre duas formas de enxergar uma dificuldade na vida — pode ser o fim da caminhada ou uma oportunidade de recomeçar. E aí foi o começo de uma vida de muitas aventuras.

Desapego

Muitas coisas mudaram na vida do Paulo desde que conheceu a Karina no domingo anterior. Depois do encontro, arrumou seu apartamento, foi ao supermercado e comprou algumas coisas do dia a dia. Já não comprava comida fora. Começou a cozinhar em casa e cada vez mais maravilhava-se com o sabor da própria comida.

Enquanto isso, em todas as manhãs depois do primeiro diálogo com a Karina, ele ia à praia e se sentava no mesmo banco, esperando que ela aparecesse. Quando se despediram no dia em que se conheceram, Karina apenas disse: "Até a próxima!".

Ele não teve coragem de perguntar que dia seria o próximo encontro. Mas em seu âmago, sentia que havia uma conexão entre os dois e que não precisava forçar as coisas. Sabia que tudo que tinha de fazer era continuar indo até a praia e ali esperar que ela aparecesse.

Certo dia, quando as chuvas da parte da manhã deixaram o resto do dia mais fresquinho, ele decidiu ir à praia à tarde. Lá estava o mar, imenso como o infinito. Os raios solares acariciavam sua pele, mas não ardiam. No sétimo dia de expectativa, sentado no banco, Paulo ficou observando as pessoas passando. Não soube como, mas em algum momento, lembrou-se de seu primo Diego. Em seguida, pressentiu que sua nova amiga estava por perto. Tinha acabado de pensar nisso quando, de repente, a Karina apareceu.

— Bom dia, Paulo! Tudo bem?

— Tudo! E com você?

— Tudo caminhando como sempre — Karina disse, risonha. — O que você me conta de novo?

— Nada de mais. É que percebo que somos apegados aos nossos familiares. Assim, fica difícil lidarmos com a passagem deles para o além. Creio que eu ainda não sei lidar com a morte do meu primo até hoje.

— É mesmo? Você gostaria de falar sobre isso?

— Diego era seu nome. Ele sempre se animava com a vida. Nunca perdia o sorriso no rosto, em nenhuma situação. Minha tia sempre dizia que ele era a luz da casa. E posso garantir que ela estava certa, pois agora eu me lembro que ele fazia tudo para que ninguém ficasse triste ao seu redor. Por ser filho único, eu o considerava um irmão. Eu adorava estar com ele para brincarmos. A única coisa que eu não gostava era andar ao lado dele. Ele tinha quase dois metros de altura, e eu um metro e sessenta. Eu odiava isso" — Paulo disse, sorridente. — Quando eu o visitava, brincávamos e bagunçávamos tudo em sua casa. Eu era Asterix, e ele Obelix. Eu mandava e ele executava. Da minha chefia, só nós dois sabíamos. Os outros achavam o contrário. De qualquer maneira, formávamos uma dupla do barulho. Nossas brincadeiras eram sempre alegres e explosivas. Nunca vou me esquecer disso. Eram tantas coisas que fazíamos, besteiras e tolices de todos os tipos. Nossas mães não conseguiam nos segurar. Ah! Que tempo bom aquele!

Karina apenas escutava. Paulo não falava com tristeza. A lembrança do primo alegrava seu coração, mas ele não tinha consciência disso. Fez uma breve pausa e continuou:

— Acontece que aos quinze anos, ele foi andar de bicicleta num dia chuvoso. Eu me lembro que ele gostava de pedalar rápido. Na realidade, tentava se parecer com os pais, que viviam sempre apressados. Na encruzilhada de duas ruas do bairro onde morava, a bicicleta que voava resvalou numa pedra, e Diego caiu, batendo com a cabeça no chão. O óbito não tardou, e assim, ele se foi. Pelo menos, sua morte foi rápida como um relâmpago, o que fez com que ele não sofresse muito. É claro que todos nós ficamos tristes com o acontecimento. Você pode imaginar a aflição dos pais chorando o filho mais velho. Eles haviam colocado muitas expectativas nele. Estavam em estado de choque e tentavam entender como era possível perder o filho daquela forma tão repentina. É interessante como a vida nos surpreende! Ninguém sabe verdadeiramente o dia de amanhã, mas acho que Diego sabia disso. Deve ser por essa razão que viveu feliz e partiu sem padecer. No dia seguinte, a família toda se reuniu. Ele já tinha sido enterrado, e todos estavam em prantos, sentados nas cadeiras que rodeavam a fotografia do Diego. Nela ele estava com um sorriso eterno nos lábios. Acho que ninguém prestou atenção na alegria que emanava daquele retrato. Todos ali choravam até não terem mais lágrimas para derramar. Eu me sentei num canto da sala e escondi meu rosto. Na verdade, eu não chorava e não queria que ninguém percebesse. Acredito que o pranto ficou dentro de mim, de tanto que eu padecia em meu âmago. Ainda hoje guardo as marcas dessa dor por baixo da pele. Não consigo esquecer. Ah! Como é difícil esquecer as coisas, sejam elas dolorosas ou alentadoras. Naquele dia, aconteceu uma coisa não muito agradável para todos nós. Até hoje meus tios não falam com meu pai por causa disso. Os anos se passaram, mas as mágoas ficaram, imperturbáveis e insistentes, difíceis de serem domadas. Foi o seguinte: Enquanto meu tio estava de luto, totalmente entregue ao esmorecimento, meu pai, grande pastor, entrou na sala onde todos estavam chorando. Imbuído da crença de salvar o homem de seu sofrimento, dirigiu-se ao meu tio com a Bíblia na mão. Em seguida, recitou alguns versículos quanto ao perdão divino, tentando consolar meu tio. Esse, que já estava bem abalado pelo ocorrido, não queria saber de Deus. Para piorar as coisas, culpou-O por sua perda. Depois de escutar meu pai falando partes do verbo divino com ênfase, meu tio se afastou e gritou: 'É mais fácil pregar o perdão quando a tragédia não acontece com você. E se fosse seu filho? Já pensou?'. Meu pai se calou, fechou a Bíblia e foi embora. E de quem podia ser a culpa? 'Ele que dá, Ele que toma de volta', meu pai balbuciou enquanto se afastava. Aquele dia foi a última vez que os dois se falaram. Acho que nem sentem saudade um do outro. É assim quando o rancor e o orgulho são maiores que o amor. Isso acontece até com os pastores. Ninguém está a salvo das emoções que arruínam os laços humanos. Mas é assim mesmo. Vivendo e aprendendo! Nos dias que se sucederam à morte do meu primo, sempre que eu visitava o meu tio, sentia que ele não ficava feliz em me ver. Exteriorizava certa hostilidade em relação a mim, como se isso fosse normal. Através de seu olhar, parecia se perguntar o porquê de eu ainda estar vivo e seu filho não. Ele se encolhera em sua aflição e não conseguia ver que outras pessoas também sofriam a perda do Diego. Ademais, ignorava que, certa vez, eu já havia aconselhado meu primo a andar de bicicleta mais devagar. Contudo, acho que isso não teria mudado o curso de sua vida. Afinal, ninguém escapa da morte na hora de ela acontecer.

Naquele dia, Paulo teve um insight e agora compartilhava com Karina. "Ah! Finalmente, encontrei algo maior do que a morte!", disse Paulo com serenidade. "O quê?", perguntou Karina, curiosa.

— Eu amava muito meu primo. A morte chegou a tirá-lo de mim, mas meu amor por ele não mudou em nada. A verdade é que ficou ainda mais intenso. Diego sempre foi necessário em nossas vidas. Era como uma luz em nosso dia a dia. Ele nos ajudava em tudo que precisávamos. Perto dele, ninguém se entristecia, pois usava as palavras que alegravam o coração. Nas férias, jogávamos bola no Leme. Quando um de nós dois fazia um gol, gritávamos com euforia e escutávamos as ondas do oceano que também rugiam de felicidade. Depois da pelada com os amigos, ele ficava de pé diante do mar e sorria. Tudo isso era bonito de se ver. Sinto falta dele até hoje. É difícil não ter o Diego por perto. Juntos éramos fortes e invencíveis. Anos depois, fui perguntar ao meu pai quanto à morte repentina do Diego. Ele não soube responder. Apenas disse: 'Tudo na vida acontece pela graça divina. É Deus que dá. E é Ele que tira'. Eu repliquei: 'Se já sabe que vai tirar, por que Ele dá em primeiro lugar?'. Meu pai se calou, e em seguida, abriu a Bíblia. Apesar de ser um grande pastor, carecia de respostas. Foi um dos primeiros momentos em que comecei a duvidar da igreja. Não nego nem Deus, nem Jesus. Apenas sei que os homens nem sempre sabem a totalidade das coisas.

Karina finalmente falou:

— Sabe, seu pai agiu de acordo com seu nível de consciência. Em vez de se frustrar com sua limitação, considere o esforço que ele fez ao tentar responder. É difícil encontrarmos um homem que tenha as respostas certas para todas as perguntas, seja quem for. Mas o importante é sermos capazes de nos desapegarmos das amarras que criamos. Em relação ao seu primo, não é possível fazer com que ele volte. Talvez agora seja o momento de você se desapegar dele na sua mente. E não se preocupe com isso, pois no seu coração, ele ficará para sempre. O amor é o rio eterno que corre e nunca para. É por isso que é infinito.

— Nunca havia pensado assim. Obrigado!

— Obrigada a você!

Naquele dia, Karina não disse muita coisa. Às vezes, é necessário esquecer de si mesmo para oferecer atenção aos que precisam desabafar, chorar ou apenas serem ouvidos. Karina sabia disso, e assim, ouviu o que Paulo tinha a dizer com amor e paciência. De repente, seu telefone vibrou. Parecia que ela tinha alguma coisa a resolver em outro lugar. Antes dos dois se despedirem, ela disse:

— Paulo, agora eu preciso ir. Mas na próxima terça-feira, pretendo passear no Parque Lage. Você gostaria de ir?

— Gostaria. Ótima ideia!

— Nove horas da manhã fica bom para você?

— Fica, sim. Combinado!

Karina foi embora. Já era o entardecer. O mar se encontrava sereno. Suas ondas moviam-se com mansidão. Paulo, em sua mente, visualizou o primo que estava de pé, diante do mar. Ainda em sua imaginação, levantou-se do banco, foi até ele e o abraçou, a fim de se despedirem de vez. Naquele momento, no fundo do coração, desapegou-se da ideia da perda. Por outro lado, continuou amando o primo, pois sabia que a morte nunca poderia deter aquele amor sincero.

Voando alto

Depois de voltar ao Brasil, Karina continuou a procurar o que lhe faltava para se sentir plena e feliz. Após uma fase em que foi rotulada de depressiva, conheceu o céu de uma forma não corriqueira naquela época, principalmente por fazer parte de uma família mineira tradicional.

Certo dia, enquanto tomava o café da manhã em casa, pegou o jornal e viu um anúncio de uma companhia aérea alemã requisitando aeromoças brasileiras. O anúncio dizia: "Estamos procurando aeromoças brasileiras para ajudar os passageiros da América Latina durante os voos. A base será no Rio de Janeiro, e as candidatas devem falar português, espanhol e inglês. Não é necessário falar alemão". Essa companhia aérea precisava de aeromoças brasileiras para atrair os passageiros que não conseguiam se comunicar com a tripulação, que geralmente só falava alemão e inglês. Pouquíssimos deles falavam um pouco de espanhol. Português nem pensar.

No momento em que Karina pousou os olhos no anúncio, lembrou-se das aeromoças que havia visto no seu voo de volta da Inglaterra. Alegrou-se com essa lembrança e pensou: "Hum! Nada mal". Sem tardar, decidiu tomar as providências para trabalhar nessa companhia.

Sabia que seus pais não iam aprovar essa ideia. Eles certamente reagiriam de forma negativa, dando um banho de água fria em seus sonhos. Nos anos 70, aeromoça era sinônimo de prostituta, então, seguiu seu coração e agiu em silêncio. Alguns dias depois, foi chamada para a entrevista. Como um cavaleiro valente indo à guerra, Karina se preparou bem, principalmente quanto à aparência. Uma de suas amigas lhe emprestou um vestido maravilhoso, e outra amiga pôs um lindo relógio em seu pulso. E assim, foi à entrevista, toda charmosa e deslumbrante. Foi informada de que havia oitenta e cinco candidatas para quinze vagas, mas sabia que iria acontecer o que estava destinado a acontecer. Sendo assim, tendo feito sua parte para se apresentar da melhor maneira possível, não se preocupou e entregou o resultado ao universo.

A partir daquele dia, principiou-se no seu coração uma conversa, na qual a voz interior lhe ditava o que havia de ser feito. A percepção da voz interior simbolizou o começo de uma experiência espiritual íntima, uma iniciação na estrada da vida. Esse som suave como o orvalho e doce como o mel começou a acompanhá-la a todo lugar que fosse. Também a orientava em tudo que fazia. Ela, então, começou a chamar essa voz interior de Mestre Interno.

Sempre que escutava o Mestre Interno, Karina, como Alma, serenava-se, fossem nos momentos de adversidade ou de alegria. Esse Mestre estava sempre com ela, a todo momento, em pensamento, na ação ou inação. Ao contrário dos que deixavam suas vidas serem guiadas pelo medo, ela tomava decisões de acordo com a sabedoria interna, a inteligência do coração.

Alguns dias após essa primeira entrevista, recebeu uma ligação da companhia aérea convocando-a para uma segunda conversa com a entrevistadora. E essa lhe disse: "Karina, já escolhemos quatorze moças, e você será a décima quinta. Porém, o resultado do seu teste psicotécnico mostra que você é uma pessoa um pouco introvertida. Você precisa ser mais extrovertida". Karina imediatamente aquiesceu: "Combinado! Eu posso fazer isso".

Quando já estava com a data marcada para fazer um curso de treinamento na Alemanha, ela contou a novidade aos pais. D. Clymène apenas sorriu, preferindo o silêncio às palavras. Dr. Amaro, sabendo que não podia fazer nada porque a decisão já estava tomada, constatou: "Minha filha, de professora de inglês para aeromoça, você está caminhando para trás". Karina retrucou: "Eu sei disso, pai, mas eu só quero conhecer um pouco do mundo. Eu farei isso apenas por alguns anos". Enquanto Karina sorria, Dr. Amaro tentava esconder seu descontentamento. Passou alguns segundos, e não podendo mais resistir àquele sorriso, foi conquistado pelo entusiasmo da filha. E ela acrescentou com afabilidade: "Pode ficar tranquilo, pai. Um dia voltarei a dar aulas de inglês".

Karina se sentia realizada como professora, mas além disso, gostava da ideia de viajar a diferentes países e conhecer outras culturas. A escala de valores da maioria das pessoas à sua volta não combinava com a dela, e intuitivamente sabia que com essa experiência de conhecer outros povos, iria encontrar valores de vida que seriam um norte para o que estava buscando.

Havia uma situação com os alemães proveniente de um pequeno choque de culturas. As comissárias brasileiras sorriam e conversavam com todos enquanto as aeromoças alemãs eram mais sérias e retraídas. Ao verem os passageiros tão à vontade com as brasileiras, mostravam uma pontinha de ciúmes. Algumas delas tinham uma atitude até um pouco arrogante para com as brasileiras, mas isso serviu como uma oportunidade para Karina se fortalecer em situações difíceis. Além disso, mais tarde chegou à conclusão também de que essa animosidade poderia ser advinda de carmas criados no passado, naquela vida ou em outras.

Os voos na América do Sul saíam sempre do Rio, com destino a São Paulo, Montevidéu, Buenos Aires, Santiago do Chile, Lima, Bogotá e Caracas. Em outros momentos, Karina trabalhava em voos que iam na outra direção, de volta à Europa, via Dakar, capital do Senegal, e Casablanca, no Marrocos. Ainda outros voos iam de Frankfurt a Nova Iorque, voltando ao Brasil pelos outros países da América do Sul. Cada escala mensal durava cerca de quinze dias.

O trabalho a bordo era bem puxado, principalmente porque os voos para a Europa eram noturnos. Após uma viagem, Karina não fazia mais nada além de dormir e descansar. Contudo o lado bom desse emprego era que, por causa da frequência baixa dos voos, ela trabalhava em média só cinquenta horas por mês. Dessa forma, usava seu tempo livre para aprender alemão, francês e melhorar o espanhol.

Uma de suas colegas já falava todas essas línguas fluentemente. E um dia Karina pensou: "Se ela pode falar todas essas línguas, eu também posso". É incrível o poder de se ter pessoas ao seu redor que servem de exemplo. Sempre animada pela curiosidade, percebia a beleza de poder se comunicar com pessoas de várias partes do mundo em diversas línguas.

Curtia esse estilo glamoroso de vida, fazendo turismo, visitando amizades que havia feito em várias localidades e aprendendo outros idiomas, mas ainda faltava algo que preenchesse aquele vazio no peito. Foi quando aprendeu uma técnica de meditação de ida ao templo interno. Depois de sua primeira meditação em casa, ficou maravilhada com a sensação de paz que aquilo lhe proporcionava. Como é que uma coisa tão simples podia lhe dar tanta satisfação interna e alegria? Anos depois percebeu que aquele vazio no peito que tanto a importunava era ela, como Alma, sentindo saudade de Deus. E esse tipo de meditação foi uma etapa importante para encontrar Deus em seu interior. Não era necessário ir a nenhum templo edificado pelos homens. Simples assim!

Quando começou a trabalhar na companhia aérea, Karina tinha planejado ficar uns dois anos. Esses dois anos passaram rápido, e ela não conseguia se ver levando a vida de antes no Rio. Era difícil sair daquele tipo de trabalho porque viajar para ela era uma cachaça. Só de pensar em morar no Rio de novo fechava o seu coração, então sabia que não era por aí que tinha que dar o próximo passo.

Mas logo recebeu uma orientação do Mestre Interno. Certo dia, quando teve uma estada de três dias em Frankfurt, decidiu ir até Londres para matar as saudades. E quando estava lá, pensou: "Seria tão bom poder passar mais tempo aqui em Londres. A vozinha interna imediatamente disse: "É só você parar de voar e vir morar em Londres de novo". Foi dessa maneira que a aventura como aeromoça terminou, dando lugar a outras.

Um trabalho como outro qualquer

Logo depois que deixou a companhia aérea, Karina voltou a morar em Londres. Assim que chegou, decidiu ir a uma agência de empregos, e lá eles lhe disseram: "Você está procurando um trabalho como au pair, mas temos uma coisa mais interessante para você. Gostaria de ser camareira num pequeno hotel dos Quakers, o Penn Club?". Karina ficou satisfeita com a oferta, pois o hotel ficava bem no centro da cidade, na Russel Square, perto da Oxford Street. Era um trabalho de meio expediente e podia aproveitar a tarde e a noite para estudar, passear e fazer o que quisesse.

No dia seguinte, ligou para os pais a fim de contar a novidade. Dr. Amaro atendeu a chamada, e ela disse: "Pai, vou trabalhar como camareira num hotel. Foi o que eu achei aqui no momento". O pai respondeu surpreso: "Como? Camareira? Se realmente decidir fazer isso, minha filha, você não deve contar para ninguém". Para ele, seria uma vergonha enorme que os amigos e parentes ficassem sabendo dessa coisa "horrorosa". No Brasil, existe um preconceito quanto a certos tipos de trabalho, principalmente nas famílias de classe média e alta. Depois de escutar o pai, Karina replicou: "Que bobagem, pai! É um trabalho como outro qualquer". E durante sua estada em Londres, quando o pai lhe escrevia cartas, começava sempre de forma irônica: "Minha querida filha camareira". Karina sabia que era difícil ele engolir essa situação e aceitava tudo sem dizer nada. Mas seguia em frente, fazendo o que o seu coração lhe ditava.

O staff do Penn Club era composto em sua maior parte de estudantes de inglês de várias partes do mundo. Havia a Michiko, do Japão, o Igor, da Rússia, a Ana da Itália e outros jovens de vários outros países. Era tudo que Karina sempre desejou — ter contato com pessoas de diferentes culturas. Seu trabalho consistia em limpar os quartos e os banheiros do terceiro andar. Conseguia fazer isso durante quatro horas e se esmerava para dar o melhor de si. Sabia que não podia alcançar a perfeição, pois neste plano físico não existe a perfeição, mas tentava fazer seu trabalho com amor. Com frequência recebia elogios dos hóspedes e até fazia amizades com eles.

Nas horas vagas, ia a várias reuniões em diferentes grupos espirituais de Londres. Sentia que havia chegado a hora de dar um passo adiante na espiritualidade. Devia haver alguma coisa que a levaria além no contato interno com Deus. Foi aos grupos de budismo, da Rosa Cruz, e muitos outros, mas seu coração sempre dizia que não era aquilo que buscava.

Essa experiência em Londres durou apenas alguns meses, pois D. Clymène adoeceu e Karina decidiu voltar para o Rio a fim de estar com a mãe. Felizmente após uma cirurgia, D. Clymène recuperou a saúde, e a vida seguiu seu curso normal. Karina voltou a dar aulas de inglês e esporadicamente também dava aulas de português para estrangeiros.

No Rio, ela fazia parte de um grupo que se chamava Síntese. Nesse grupo eram tratados temas relacionados principalmente com a psicologia transpessoal. Os palestrantes convidados eram monges tibetanos, professores de ioga e psicólogos. Não era ainda o que ela buscava, mas na falta de algo que não sabia o que era, contentava-se em participar dessas reuniões. Porém, através desse grupo, ela acabou encontrando o que havia buscado durante tanto tempo: o caminho da liberdade espiritual.

O interessante é que havia um grupo que tratava desse caminho em Londres, mas os Mestres a orientaram no sentido de encontrá-lo no Brasil, onde ela seria uma peça importante na disseminação desses ensinamentos no país. Ela passava informações gerais sobre o caminho e esperava para ver se as pessoas se interessavam. Em caso afirmativo, convidava para as reuniões.

Passaram-se alguns anos, e além das aulas e da vida espiritual, Karina teve alguns relacionamentos amorosos. O mais importante deles foi com Roberto, um dos seus alunos de inglês. Era um homem especial, mas como nem tudo é perfeito, o relacionamento durou apenas uns poucos anos por causa dos filhos dele. Eles se sentiam donos do pai e Karina tinha a sensação de que achavam que ela o tinha "roubado" da família.

Certo dia, ao acordar, o Mestre Interno lhe perguntou: "Você quer essa situação de animosidade a sua vida toda?". Como a harmonia e o amor eram prioridades para a Karina, esse foi o início do fim. Cada um seguiu o seu caminho, provavelmente por terem já cumprido o carma que tinham juntos.

Alguns anos mais tarde, com a sensação de missão cumprida no Rio, apareceu de novo a vontade de viajar. Ao se aposentar aos quarenta e oito anos, decidiu sair do Brasil mais uma vez. Queria mudar de ares. Mas não era só esse o motivo. Vale lembrar que essa vontade de morar fora do Brasil devia-se ao fato de ela acreditar ter sido sua bisavó inglesa numa encarnação anterior. Por isso, sentia-se muito bem nos países de língua inglesa.

Certo dia, andando pela praia de Copacabana, viu um rapaz à sua frente com uma camiseta com letras garrafais nas costas: AUSTRÁLIA. O Mestre Interno imediatamente confirmou que seria lá que ela viveria sua próxima aventura.

A beleza não está no rosto; a beleza é uma luz no coração.

Kahlil Gibran

A moça do café

Certa manhã, alguns dias após conhecer a Karina, Paulo acordou feliz. O que o despertou foi o telefone vibrando. Acabou de receber um "Oi" tímido da Vanessa, sua amiga do Café Sorriso. Já fazia anos que os dois se conheciam, porém Paulo nunca recebera uma mensagem dela. Nem ele escrevera para ela. Apenas trocaram números certo dia no Café Sorriso.

Enquanto uns dizem que um problema nunca vem sozinho, outros afirmam que uma bênção nunca está só. Naqueles dias na vida do Paulo, as bênçãos haviam chegado, fossem por meio da Karina ou da Vanessa. Ainda que ele não soubesse disso, estava prestes a desfrutar as delícias da boa fortuna.

Paulo pegou o celular, leu a mensagem e antes de responder, pensou no dia em que conhecera a Vanessa.

Era de manhã, e ele se encontrava no seu escritório no décimo quinto andar de um prédio em Ipanema. Encostado na janela, olhava para a esquina da rua. Lá embaixo estava acontecendo a inauguração de um novo café. Antes havia uma lanchonete nesse lugar, e parecia que o dono o vendera para uma moça. Algumas pessoas do escritório diziam que essa moça havia saído voluntariamente do serviço público. Isso era tudo que Paulo sabia, porque quase nunca conversava com os colegas. Sérgio, seu chefe, ao passar no corredor, parou e falou do lado de fora:

— O novo café é bonito, e a dona mais bonita ainda. Até o ano passado, ela trabalhava no Tribunal de Justiça de outro estado.

Paulo apenas sorriu. Sérgio não esperou sua resposta e foi embora. No dia seguinte, Paulo foi ao local do café. Chegou bem cedo, às sete e meia da manhã. O Café Sorriso ainda não estava aberto para os fregueses, mas mesmo assim Paulo entrou e se sentou perto do balcão. No café só havia ele e uma funcionária que estava arrumando as coisas. Ela limpava as mesas, organizava o balcão e preparava o café. Fazia mil coisas ao mesmo tempo, e Paulo a olhava, atônito. Parecia ser uma mulher forte e independente. Corajosa, ela foi a primeira a falar.

— Bom dia! O senhor gostaria de alguma coisa? — disse a moça, alegre como um sorriso.

— Obrigado! Daqui a pouco eu peço alguma coisa.

Na verdade, Paulo não desejava nada além de querer conhecer a dona do lugar. Em sua imaginação, via uma moça alta, elegante e charmosa. Sentado, ele não parava de olhar para a porta da entrada, esperando a dona que não chegava.

Começou, então, a observar a moça que cuidava de seus afazeres sempre com um sorriso no rosto. Ela estava serena e feliz, satisfeita com seu trabalho. Por detrás do balcão, movia-se como uma boneca. Paulo a olhava discretamente. Foi naquele momento que ele percebeu que ela era linda, até mais do que a imagem preconcebida que ele havia feito da suposta dona do café. No estabelecimento, os móveis estavam pintados de azul, e os olhos da moça também. Por isso seu olhar parecia um oceano de amor, e Paulo se imaginou nadando nele por alguns segundos.

Infelizmente, aquela funcionária não era a pessoa que Paulo procurava. Toda sua curiosidade se colocava na identidade da dona do local. De qualquer forma, a moça do café não era uma pessoa difícil de se comunicar, tentando puxar assunto com o freguês matinal. Contudo, Paulo parecia sempre um pouco reticente.

O interessante nisso tudo é que ainda que o Paulo não quisesse conversar, ela lhe tirava palavras da boca sem esforço. Essa moça era uma pessoa não só garbosa, mas também carismática. Parecia do tipo que quando deseja algo, nada a impede. Em poucos minutos, conheceu quase a vida toda do Paulo, mesmo ele não querendo falar muito.

Por outro lado, ele não soube nada sobre ela e não procurou saber. Para ele, era apenas a moça comunicativa do novo café da esquina. Finalmente, mesmo Paulo não pedindo, ela lhe ofereceu uma xícara de café, e ele agradeceu sorridente. Entretanto, escondia no seu interior a decepção de não ter conhecido a dona do lugar. Tomou o café, pagou a conta e foi embora. Naquele momento, outros fregueses entravam no Café Sorriso, e o lugar já estava ficando cheio.

O resto da semana foi assim: Paulo chegava ao café às sete e meia e ficava lá até as oito, quando seu expediente começava. Permanecia ali com a esperança de conhecer a dona do café, o que não acontecia. Na segunda-feira da semana seguinte, apareceu no café depois das oito. Ele estava cansado de chegar cedo e ficar frustrado. "Como ela é a dona do café, deve chegar mais tarde", pensou naquele dia. Quando chegou, o local já estava cheio de executivos, e agora tinha duas outras moças além daquela que ele costumava ver. Chegou até uma das novas moças e disse: "Posso te fazer uma pergunta?".

— Claro!

— A dona do café nunca vem por aqui? Queria parabenizá-la pelo café delicioso.

— Que legal! Ela vai adorar. É aquela ali no balcão.

Paulo se virou e se deparou com a mesma moça que o servira todos os dias na última semana. Na hora, ficou sem graça porque muitas vezes ela tentara puxar assunto com ele, e ele nunca fora legal. Apenas preocupava-se em conhecer a dona do lugar, que só existia em sua imaginação.

Naquele dia, pegou o café e saiu de maneira discreta. A garçonete com quem havia conversado ficou surpresa por ele sair sem falar com a dona do café.

No dia seguinte, Paulo chegou lá no seu horário normal, bem cedo. A moça do café já estava limpando e arrumando as coisas como sempre. Paulo a cumprimentou com delicadeza, convidando-a para conversar um pouco.

— Eu não sabia que a senhora era a dona do Café Sorriso.

— Pode me chamar de você como costumava fazer — ela replicou sem tardar.

— Entendo! Queria lhe pedir desculpas se eu cheguei a ser um pouco rude na semana passada. Não sabia que você era a chefe.

— Relaxa, amigo! — ela hesitou um pouco. — Posso te falar uma coisa que eu sempre faço?

— Claro! Pode, sim.

— Sempre trato bem as pessoas sem precisar saber quem elas são ou o que elas fazem. Assim a vida fica mais suave. Você não acha?

— É verdade! Sabe, eu sou daqueles que fazem as coisas sem pensar muito.

— Tudo bem! Também sou assim de vez em quando.

Os dois deram uma gargalhada. Pareciam gostar da conversa. A moça esqueceu que ainda tinha de arrumar muitas coisas antes de o café abrir. Paulo continuou:

— Disseram-me que você já trabalhou como servidora pública. Outros dizem que você já foi juíza de Direito.

— Então, é algo assim — ela disse com uma risada irônica. — Fui assessora de um desembargador por muitos anos. Mas o que eu amo mesmo é servir café para estranhos.

— Ah! Meu Deus! As pessoas inventam coisas, né?

— Pois é! Nenhum dos clientes nunca me perguntou o que eu realmente fazia — disse ela, decepcionada.

— Imagino como é. Mudando de assunto, pode me dizer o que te fez chamar este lugar de Café Sorriso?

— Lá no Tribunal onde eu trabalhava, muitas pessoas, ao acharem que eu nunca ficava com a cara fechada, deram-me o apelido de Sorriso. Foi assim que quando finalmente consegui abrir o café dos meus sonhos, pensei nesse nome.

— Parabéns! Deve ter tido muita coragem para largar tudo e se dedicar ao que você sempre desejou.

— Obrigada, mas, na verdade, não foi difícil — disse a moça com uma postura jovial.

— Também acho que seus colegas do Tribunal tinham razão. Já faz duas semanas que venho aqui e nunca te vi sem um sorriso no rosto.

— É só me irritar para ver o contrário — disse ela com sarcasmo.

Enquanto Paulo ria, ela perguntou: "E você? O que faz na vida?"

— Sou economista. Trabalho no prédio ali do fim da rua.

— Ah! Que ótimo! Meu nome é Vanessa, e o seu?

— Paulo.

— Prazer em conhecê-lo!

— Prazer também!

— Agora, preciso ir — disse Paulo, olhando para o relógio.

Foi assim que Vanessa e Paulo se conheceram. Muitas conversas entre os dois se seguiram depois daquele dia. Com o passar do tempo, eles se tornaram amigos e até mesmo confidentes um do outro. Paulo sempre chegava trinta minutos antes de o Café Sorriso abrir. Assim, os dois tinham um tempinho para conversar.

Depois de se lembrar de como ele havia conhecido a Vanessa, respondeu à mensagem.

[Estou bem e você?]

Sem tardar, Vanessa deu prosseguimento à conversa.

[Faz quase dois anos que não te vejo. Como as coisas estão do seu lado?]

Paulo havia perdido o emprego há dois anos e estava em compasso de espera para o próximo. Podia se dar ao luxo de não trabalhar algum tempo, usando suas economias que havia guardado para uma situação inesperada. Sem graça de contar para a Vanessa que estava desempregado, ele escreveu:

[Saí daquele emprego e estou em outra coisa agora.]

[Está trabalhando em quê?]

[Eu te conto em outro momento.]

[Você faz muita falta no Café Sorriso. (carinha de tristeza)]

[Como assim?]

[Ninguém mais conversa comigo antes das oito da manhã. (Risada). Mas tudo bem, eu entendo. Até achei que você tinha se mudado do Rio.]

[Não, só mudei de bairro mesmo. Agora moro em Copacabana.]

[Gostaria de vir me visitar um dia desses?]

[Gostaria, sim! Quando fica melhor para você?]

[Pode ser no próximo sábado?]

[OK! Combinado. (Sorriso)]

[Que bom! (carinha de feliz)]

A rosa vermelha

No bairro do Jardim Botânico, encontra-se o Parque Lage, encostado no Morro do Corcovado, bem próximo ao ponto turístico chamado Jardim Botânico. Com uma vegetação exuberante, o Parque Lage é particularmente diferenciado por seu refinamento cultural. Nesse ambiente bucólico, de vários hectares de beleza encantadora, estão espalhados muitos artifícios de caráter artístico, ilhas e grutas artificiais, lagos, aquários simples ou embutidos numa rocha, atalhos insólitos, trilhas exóticas, coretos e muito mais.

Uma característica bastante aclamada pelos visitantes do Parque Lage é a excepcional harmonia cultural entre o universo artístico do século passado e as peculiaridades da arte contemporânea. Um exemplo é o gênero arquitetônico do palacete, que abriga uma escola de arte e um café, e lembra as construções do início do século vinte. Enquanto isso, seu ornamento retrata bem aspectos da arte na contemporaneidade. O que mais fascina nesse prédio é seu estilo romano, que faz com que seus visitantes se sintam serenos e bem aconchegados.

Era uma manhã suave cujo clima aprazia o coração dos que estavam visitando o Parque Lage. Karina e Paulo chegaram praticamente no mesmo momento. Cumprimentaram-se com um abraço amistoso e se sentaram no café do palacete. Em seguida, cada um pediu algo para tomar.

— Meu amigo, você parece um pouco pensativo hoje. Tudo bem com você? — Karina começou.

— Tudo! E com você?

— Tudo bem também.

— Você se lembra do meu primo Diego que morreu ainda na adolescência? — Paulo perguntou.

— Lembro. Falamos dele na nossa última conversa.

— Eu não sei por que razão, mas hoje acordei pensando nele. É que um dos meus netos me lembra muito o Diego. É o filho da minha filha, e o nome dele é André. Ele fala, age e brinca como o Diego quando era criança. Quando eu estava indo embora na última vez em que visitei minha filha, o Andrezinho chegou correndo para mim e disse: "Já está indo? Você vem me visitar novamente?". Fiquei emocionado, e me agachando, respondi: "Eu virei sempre te visitar, meu anjo". Ele ficou feliz e continuou a brincar. Essa frase me tocou porque foi exatamente a mesma que meu primo me disse da última vez que nos vimos. No caminho para cá, fiquei pensando nos dois, perguntando-me sobre o sentido dessa semelhança inexplicável entre os dois. Será que há algum elo invisível, mas real, entre o Diego e o Andrezinho? Já ouvi algumas pessoas comentarem sobre a reencarnação, mas não sei muito sobre isso.

— Acho que pode ser um jeito de entender certas coisas da vida.

Com um olhar perplexo, Paulo acenou timidamente com a cabeça. Era evidente que ele não havia se contentado com essa resposta. No entanto, não discordava e nem concordava com a Karina. Em seu interior, ele não se importava com a certeza das coisas. Apenas queria ouvir mais a respeito daquele assunto.

Karina percebeu isso e continuou:

— Não quero te convencer de que a reencarnação existe, mas posso te contar uma experiência que tive a esse respeito. Gostaria de ouvir?

— Gostaria, sim. O que você me diz sempre me traz uma luz.

— Fico contente com isso. Então, meu pai faleceu em 1980. Três anos depois de falecer, minha irmã teve uma filha, uma gracinha. Quando fomos visitar o bebê, uma tia minha disse: "Olhem para os olhos dessa criança! São os olhos do Amaro". Meu pai se chamava Amaro. Esse foi um primeiro sinal. Minha irmã trabalhava fora e deixava esse bebê, a Heloísa, com a minha mãe.

Quando a Heloísa tinha por volta de três anos de idade, ela chegou para a minha mãe e disse: "Vovó, eu sou vovô".

— Ela falou isso mesmo?

— Falou. E minha mãe ficou surpresa.

— Não foi um choque para ela?

— Foi porque ela era católica e não acreditava em reencarnação. Ela me contou isso na maior discrição, pois eu era a única da família que tinha essa crença. Eu já seguia um caminho espiritual reencarnacionista.

Karina prosseguiu com seu relato: "Nós duas não contamos nada para ninguém da família sobre esse episódio. Iam achar que éramos malucas". Paulo soltou uma risada. Karina fez o mesmo e continuou: "Outro sinal é que meu pai, quando estava vivo, gostava de andar com as mãos nas costas na frente do prédio onde morávamos. Certo dia, alguns anos depois de sua morte, quando voltei para casa, vi a Heloísa com a babá na calçada perto do prédio fazendo a mesma coisa. O porteiro, que era o mesmo da época do meu pai, olhou para mim e disse: "Dona Karina, veja como a Heloísa está andando. Igual ao seu pai". O tempo passou, minha irmã se mudou para outra cidade com a família, e eu tive menos contato com eles. Certa vez, quando eu já morava no Canadá, fui visitar minha irmã. A Heloísa nessa época já tinha uns vinte anos, e as duas seguiam o espiritismo, acreditando na reencarnação. Certo dia, estávamos as três na sala, e eu disse: 'A mamãe tinha um sentimento especial para com a Heloísa'. E minha irmã perguntou: 'Por que você acha isso?'. Na hora não sabia se eu podia falar para elas que eu achava que a Heloísa era a reencarnação do papai. E minha irmã disse: 'Se é sobre a reencarnação, não se preocupe. Estamos estudando isso no espiritismo'. Eu então falei: 'Eu acho que a Heloísa é a reencarnação do papai'. A Heloísa estava na sala também e imediatamente olhou para a mãe e disse: 'Mãe, o que eu te falei na semana passada quando eu pensei que eu era o meu avô?'. Sabe, Paulo, meu pai tinha fotografia como hobby, e a Heloísa adora fotografia também. Por causa disso chegou à conclusão de que era o avô. Então a partir daí, sempre que eu me dirijo a ela, digo: 'Oi, pai/sobrinha!'. E ela me responde: 'Oi, filha/tia'.

— Engraçado isso — disse Paulo, e os dois riram.

Karina prosseguiu:

— Quando eu morava aqui no Brasil, eu era professora de inglês. Como você sabe, os professores recebem um salário de fome. Mas graças a Deus, meu pai era um homem generoso. Então eu chegava para ele e dizia: "Pai, o senhor poderia me emprestar um dinheirinho?". Ele me emprestava, e eu tentava pagar aquela dívida aos poucos. Depois de alguns meses, ele me dizia: "Não precisa pagar mais". Assim ele me deu muito dinheiro enquanto ainda estava vivo. Certa vez, anos depois da sua morte, convidei a Heloísa para irmos à Europa. Até então, ela nunca havia feito uma viagem de avião. Fomos a Paris, Nice e Cannes. Como ela não tinha dinheiro suficiente para viajar, eu disse para ela: "Pode deixar comigo. Vou pagar tudo". No ano seguinte, eu a convidei novamente para ir ao Canadá e aprender inglês. Combinamos que ela ficaria com uma família canadense para poder praticar mais o que aprendia na escola. Assim ela ia à escola de inglês pela manhã, depois nós duas fazíamos turismo pela cidade, e à noite ela jantava na companhia de seus anfitriões. Ao pagar essas viagens para ela, tive a sensação de estar devolvendo uma parte daquilo que eu peguei emprestado do meu pai.

Karina ficou em silêncio, e Paulo disse:

— Não posso dizer com certeza que meu neto é a reencarnação do meu primo Diego. Por outro lado, acho interessante ouvir sobre seu pai e sua sobrinha. E quem sabe? Talvez a reencarnação seja uma das leis da existência.

— Nunca sabemos ao certo as coisas. Porém, é sempre bom ter uma percepção interna quanto aos acontecimentos ao nosso redor.

— É verdade! Agradeço por me contar sua experiência.

— Por nada! — Karina disse, contente.

No fundo do coração, Paulo tinha certeza de que havia alguma ligação entre a vida do seu primo e a do neto. Entretanto, não conseguia achar um raciocínio lógico para acreditar nisso totalmente. Assim começou a enxergar a lei da reencarnação como uma premissa existencial que pode ser percebida, contudo, impassível de comprovação. Sentado ali com a Karina, ele tecia mentalmente considerações sobre o assunto. Enquanto isso, Karina, calada, olhava para alguns membros de uma família estrangeira, que não escondiam sua admiração quanto à beleza do Parque Lage. De repente, uma menina, que segurava uma dúzia de rosas vermelhas, apareceu ao lado do Paulo e disse: "Compra uma rosa para sua namorada!". Paulo respondeu, entristecido:

— Mas ... — pensou um pouco. — Não tenho namorada.

Sua resposta surpreendeu a menina, que imediatamente se virou para a Karina. Essa última, sorridente, perguntou: "Quanto custa uma rosa?". Animada a menina respondeu: "Cinco". Depois pegou a nota de cinco reais e saiu saltitando, toda contente. A rosa, no entanto, não veio sozinha. Tinha um papelzinho branco enrolado com uma fita rubra.

Karina ofereceu a rosa vermelha e o bilhete ao Paulo. Ele aceitou timidamente, perguntando-se qual seria a causa para isso acontecer. Já fazia dois anos que se divorciara da ex-mulher, e desde então, não havia conhecido ninguém que fizesse vibrar seu coração novamente. De qualquer forma, a rosa vermelha simbolizava o amor, e Paulo sabia que as coisas aconteciam em sua vida sempre por uma razão ou outra.

Uma brisa leve soprou ao redor dos dois. Karina mantinha-se em silêncio, sempre com um sorriso no rosto. Enquanto isso, Paulo, pensativo, tentava desesperadamente encontrar o sentido da rosa vermelha em seu devaneio. Quando Karina percebeu a preocupação do seu interlocutor, disse com voz suave: "Acho que é hora do almoço".

Paulo olhou para o relógio, e viu que já era uma hora da tarde. Depois sorriu, concordando com ela. Eles já estavam quase se despedindo quando ele disse:

— Karina, será que você poderia me passar seu contato?

— Claro! Melhor ainda, me passe o seu. Assim eu posso mandar um "oi" depois.

— OK! Olhe aqui.

— Obrigada!

— Por nada!

Karina foi embora. Com o olhar meditativo, Paulo permaneceu ali por algum tempo. Finalmente abriu o bilhete da rosa vermelha e leu:

Você que é cego de coração
não tem olhos para ver
a moça ao seu lado
a moça que te acompanha.
Ela não se apaixona
mas te amou no primeiro olhar.
Um dia você será imperador
e ela sua imperatriz.
Entregue ao sono
nos corredores de um sonho
em um palácio dourado
nas paredes, no telhado
em todo retrato
o rosto da sua amada.
Você é rei, ela sua rainha,
o Amor, seu reino.

Depois de ler o poema, Paulo fechou os olhos por um instante. Sabia que a pessoa descrita não era a Karina por ela ser casada e muito mais velha que ele. Naquele breve momento, as palavras sumiram do seu imaginário. Ali não havia nenhuma representação, apenas um silêncio absoluto. Com essa sensação de serenidade pura, levantou-se e iniciou o caminho de volta para casa.

A moça do poema

Paulo chegou no fim da tarde, bem no momento em que o Café Sorriso já estava fechando. Ele nunca faltava a seus compromissos. Vanessa havia se feito bela. Em seu rosto, dissimulava-se uma maquiagem simples, mas encantadora. Em seus lábios, notava-se um batom vermelho como o arco do Cupido. Suas unhas estavam pintadas com esmalte da mesma cor. Com sua cintura esbelta, parecia preparada para conquistar o coração dos que ousassem olhar para ela.

Paulo, achando que o encontro com ela seria apenas uma conversa entre amigos, chegara bem simples no café. Ao ver Vanessa, ficou sem jeito por causa de sua vestimenta modesta. Com a cara ruborizada, tentava esconder seu incômodo, sem êxito. Vanessa era uma mulher atenta a tudo ao seu redor. Sua atenção percebia detalhes que os olhos não viam. Ela correu rapidamente até ele e disse, abraçando-o:

— Oi, Paulo! Que bom que você veio! Pode relaxar! Estou vestida assim porque depois de conversar com você, tenho um compromisso.

Paulo nada disse, apenas sorriu. Ela prosseguiu:

— Sente-se aqui, por favor! Eu só preciso arrumar algumas coisas, e depois podemos ir aonde você quiser.

— Está bom! — Paulo disse.

Ele achava que a conversa seria lá no Café Sorriso. Contudo, Vanessa, sempre com ideias diferentes, havia preparado uma coisa provavelmente mais interessante.

Paulo se sentou na entrada do café. Enquanto esperava, fitava Vanessa com a maior discrição. Toda perfumada, ela cuidava das últimas coisas antes de fechar o café. Paulo observava seu vaivém em silêncio. No fundo do coração, ele se sentiu encantado por ela, mas aparentemente, não havia se preparado para esse sentimento repentino. O Café Sorriso inteiro exalava aquele perfume delicioso de orquídeas que Vanessa estava usando.

Sentado ali em silêncio, ele a observava sem demonstrar que estava interessado nela. E ela, de vez em quando, fazia o mesmo. De repente, algo vibrou no coração do Paulo. Já fazia oito anos que ele e Vanessa eram amigos. Contudo, ele nunca havia sentido algo parecido na presença dela. Pelo menos, foi isso que ele pensou naquele momento. Logo após pensar nisso, percebeu que a desejava como um amante quer sua bem-amada. Na hora, achou um pouco inconveniente desejar dessa forma a amiga de longa data, sem razão aparente.

No olhar do Paulo, encontravam-se timidez, admiração, respeito e receio para com Vanessa. Mais importante ainda, havia também o desejo. Vanessa percebeu isso sem nenhuma dificuldade. Sendo assim, colocava mais elegância e delicadeza em seus gestos. De vez em quando, passava a mão pelo cabelo, incendiando assim o coração do Paulo. No fundo, Vanessa também o desejava. Talvez esse sentimento estivesse presente em seu interior desde o primeiro momento em que os dois se conheceram. Entretanto, naquela época, o momento não era oportuno, visto que ele era casado e não tinha olhos para outras moças. De qualquer forma, Vanessa sempre achou o Paulo especial. Nunca disse isso com todas as palavras, porém sempre demonstrava essa admiração através da maneira com a qual olhava para ele.

Finalmente, ela terminou seus afazeres, e os dois decidiram ir até a praia, onde começaram a passear em direção ao Arpoador. Aos poucos a noite ia caindo. O mar estava ora sereno, ora estrondoso. De tempos em tempos, rajadas repentinas de vento acariciavam a superfície da corrente azul, sacudindo suas ondas. O sol já caminhava para o descanso. Ao longe, podia-se ver o Morro Dois Irmãos e a Comunidade do Vidigal com as luzes acesas, parecendo uma caixinha de joias. Em algum lugar do céu, nem claro nem escuro, as nuvens douradas e tempestuosas se aglomeravam. A brisa fresca vinda do mar tocava suavemente a pele dos que se encontravam ali. O coração do Paulo esfriava e esquentava ao mesmo tempo. Ele se perguntava se essa sensação tinha alguma coisa a ver com Vanessa. Enquanto caminhava ao lado da amiga, tentava mentalmente desvendar o segredo daquele poema da rosa vermelha. O poema falava de uma moça ao seu lado, uma moça que o acompanhava. E, sim, Vanessa estava ao seu lado e o acompanhava. Seria ela a sua rainha? Ele olhava para o rosto dela e tentava enxergar a confirmação do poema. Enquanto isso, ela andava com mansidão, regozijando-se com o ar delicioso do mar, não se importando com mais nada.

De repente, Vanessa quebrou o silêncio. Ela era sempre a primeira a iniciar o diálogo.

— E, como estão as coisas com a Renata? Sérgio me disse que vocês se divorciaram.

— Agora ela tem um novo companheiro e parece que voltou a estudar.

— Sério? Em que faculdade?

— Não tenho certeza, mas acredito que seja Administração. Ela tem um grande potencial e é capaz de fazer tudo que deseja.

— Ela parece ser uma mulher bem forte. E, também, nunca é tarde para recomeçar os estudos, né?

— É! O mais importante é que ela esteja feliz.

— Verdade! Mas, e você? Está feliz?

— Suas perguntas são sempre bem diretas — Paulo disse, pondo a mão na testa.

— Desculpe! É só curiosidade mesmo.

— Tudo bem, eu entendo. Então, você me perguntou se eu estou feliz? Acho que estou bem melhor ultimamente.

— Alguma novidade na sua vida?

— Não exatamente. É que esses dias, eu conheci uma pessoa, e nossas conversas estão me deixando melhor.

— Como assim? Uma namoradinha?

— Não, de jeito nenhum. Eu a vejo como um tipo de mãe. Nossa primeira conversa foi um pouco insólita, mas acabou sendo interessante. De vez em quando, combinamos de nos encontrar para conversar a respeito da vida. No fundo, eu sinto que eu a conheço há muito tempo. Não sei explicar, mas tenho essa sensação.

— Ah! Que interessante! Eu gostaria de conhecê-la também. Quem sabe você poderia convidá-la para ir ao Café Sorriso um dia desses.

— Com certeza!

— Que bom!

Os dois se calaram e continuaram a caminhar em silêncio. No seu interior, Vanessa desejava que Paulo tomasse, pelo menos uma vez, a iniciativa da conversa. "Será que é porque não tem coragem, ou simplesmente porque não quer conversar?", Vanessa perguntava a si mesma. Enquanto isso, Paulo a olhava sorrateiramente, admirando sua beleza. Também tentava identificar se ela era a moça do poema. Num determinado momento da caminhada, o bailar das ondas do mar murmurou uma canção de amor. Dos dois, só Vanessa escutou. Paulo estava tão preocupado com a moça do poema que não conseguia enxergar e nem ouvir as coisas que só o coração percebe.

De repente, ele olhou para o céu. No firmamento que escurecia, as nuvens douradas desapareciam vagarosamente. Logo depois dos dois subirem nas pedras do Arpoador, o sol recolheu seu último raio. Instantaneamente, algumas pessoas aplaudiram o pôr do sol com muita gratidão. Em seguida, Paulo e Vanessa foram se sentar um pouco mais perto das ondas que batiam nas pedras. Vanessa se lembrou da doce canção do mar que havia escutado alguns minutos antes e aguçou os ouvidos para escutar um pouco mais a melodia dessa maravilhosa sinfonia. Paulo, como sempre, mantinha-se silencioso, enquanto em sua mente, dançavam mil pensamentos.

Sendo assim, nenhuma palavra lhe saía da boca. Em seu espírito ansioso, repetiam-se incansavelmente o início e o fim do poema da rosa vermelha: "Você que é cego de coração ... Você é rei, ela sua rainha, o Amor seu reino". Ao lado da Vanessa, Paulo estava sentado, presente de corpo, mas não de espírito.

Diante do mar infinito, Vanessa deliciava-se com as ondas de amor. Elas lhe traziam lembranças de relacionamentos anteriores. Não tinha tido muita sorte no amor, mas estava feliz por aquele momento. De repente, disse ao Paulo:

— Você ainda se lembra do seu primeiro amor?

— Lembro, sim. Às vezes.

— Você pode me contar um pouco sobre isso?

— Pode ser uma história chata. Você já a conhece.

— Verdade! Sua belíssima história de amor com a Renata. É surpreendente como as coisas mudam na vida. Quem podia imaginar que um dia vocês dois iam se separar. Quando você me contou como conheceu a Renata, eu acreditei na teoria das Almas gêmeas.

— Eu também acreditava nisso, mas parece que nada é eterno nesta vida. Sofrimento ou felicidade. Tudo acaba um dia. Mas, enfim, já que você conhece minha história de amor, por que não conta a sua? Você nunca fala sobre isso.

— Mas é que a minha história de amor não é tão interessante como a sua.

— Pode contar.

— OK! Vamos lá! Primeiro eu conheci alguns rapazes interessantes. A maioria desses relacionamentos durou muito pouco tempo, tirando os seis anos de namoro com o Luís. A história com o Luís não conta porque eu nunca o amei. Nunca me apaixonei de verdade por ele.

— Mas não teve nenhuma história de amor que te marcou profundamente?

— Teve, sim.

— Quanto tempo durou?

— O namoro só durou um mês, mas meu amor por ele persiste até hoje — disse ela, serena.

— Como assim? — Paulo, atônito, perguntou de imediato.

Na verdade, ele não conseguia entender como uma mulher linda que nem a Vanessa não tinha sorte no amor. Para ele, ela era tão graciosa que nenhum homem deveria ousar abandoná-la. Apesar de ser um homem crescido, Paulo sabia muito pouco sobre seus homólogos. A verdade é que a maioria dos homens não sabe amar e enaltecer uma mulher da melhor forma possível. Por sorte, Paulo sabia valorizar as mulheres. Via em todas elas o reflexo da sua própria mãe. Assim, ele as respeitava e as tratava com delicadeza como o joalheiro cuida de suas pedras preciosas. Por isso, desde que ele conheceu a Vanessa, ela sempre foi brilhante aos seus olhos. "Que homem bobo deixou esse tesouro ir embora?", Paulo pensou, sentado ao lado da Vanessa.

Vanessa continuou:

— Eu amei aquele rapaz. Para ser sincera, não consigo esquecê-lo até hoje. Ele se chama Thiago. Hoje ele mora na Inglaterra, casado com uma inglesa. Olha, Paulo, fico emocionada quando falo do Thiago.

— Não tem problema — Paulo disse, amável.

— Essa minha história aconteceu um pouco antes de eu entrar na faculdade. No início, eu e o Thiago éramos amigos e, mais precisamente, vizinhos no condomínio Aldeia do Vale, onde nossos pais ainda moram até hoje.

— Onde fica esse lugar?

— Em Goiânia. Lembra que eu morei lá alguns anos?

— Lembro.

— Sobre a minha amizade com o Thiago, a verdade é que eu sempre fui apaixonada por ele. Só não tive coragem de lhe falar sobre isso. Certo entardecer, nós nos sentamos à beira de um dos lagos do condomínio para escutar nossa música favorita. Era "I'm Gonna Be" da banda The Proclaimers. Estávamos ali, compartilhando o mesmo fone de ouvido. No MP3 player do Thiago, havíamos colocado a música no replay e a escutávamos incansavelmente. Não sei o que deu em mim, mas, de repente, eu o beijei. Antes daquele dia, eu havia beijado outros rapazes. Contudo, o beijo com o Thiago parecia ser o primeiro da minha vida. Era como se eu estivesse num sonho em que tudo ao meu redor tinha se tornado luminoso e perfeito. Acho que o Thiago não estava preparado para isso. Ele ficou pasmo no primeiro momento, mas logo achou interessante a ideia de beijar a amiga de infância. Antes disso acontecer, estávamos comendo umas balinhas. A minha era de morango, a dele de menta. Você consegue imaginar? Morango e menta, uma mistura maravilhosa! A cada beijo dele, meu coração vibrava de amor e pulava de alegria. Num determinado momento, ele pegou delicadamente na minha cintura, e eu pude sentir sua mão, que estremecia também. Sempre fomos amigos, porém, naquele momento, éramos jovens enamorados que descobriam as delícias da paixão. Era a hora do crepúsculo. O sol já havia recolhido seu brilho. Embora eu estivesse ali, sentada ao lado do Thiago, eu me encontrava num sonho distante, onde o tempo havia parado. Uma suave brisa acariciou nossa pele. Quando Thiago percebeu isso, colocou o braço no meu ombro com o intuito de aquecer o meu corpo. Eu era a rainha, e ele, meu rei. Eu era a dama, e ele, meu cavalheiro. Diante de nós, a água do lago refletia o crepúsculo. E o amor do nosso coração estava em todo lugar, em cada olhar, carícia, gesto e pensamento. O amor havia conquistado tudo que se encontrava ali. A cada segundo que passava, eu me apaixonava cada vez mais por ele até me entregar ao cárcere do seu olhar. Ele era lindo com seus olhos castanhos claros. Depois de não poder mais resistir a seu charme, pousei a minha cabeça no seu ombro. Naquele momento, eu estava em paz e acredito que ele também. Com essa sensação maravilhosa fluindo dentro de mim e enchendo meu peito de êxtase, senti que a vida valia a pena ser vivida. O amor que faz o coração tremer me tocou. Instantaneamente, amei o Thiago sem nada lhe perguntar. Amei-o sem questionar seus sentimentos e pensamentos. Então eu lhe disse: "Agora você é meu namorado". E ele apenas me respondeu com um sorriso. Naquele instante, senti dentro de mim que ele era tudo que eu queria na vida. Também preferi acreditar que eu era tudo que ele precisava para ser feliz. Ele é como você. Não falava muito. Por isso eu decidi por nós dois.

Paulo ficou sem jeito. Não conseguia contestar a Vanessa, pois raramente se expressava.

Ela continuou:

— Sabe, eu achava que o meu primeiro amor seria para sempre. Acontece que depois de um mês de namoro, ele recebeu uma bolsa para continuar seus estudos na Inglaterra. Foi tudo muito rápido, e ele teve que viajar de uma hora para outra. Na véspera de sua viagem, combinamos de eu ir visitá-lo em Oxford nas férias. Entretanto, uma semana após chegar à Inglaterra, ele terminou comigo. Disse que se apaixonou por uma tal de Katherine, e que ela era parecida comigo. Disse ainda que não aguentava ficar perto dela sem a desejar porque ela falava e agia como eu. E na hora eu me perguntei como era possível ela falar igual a mim se não nos comunicávamos na mesma língua. De qualquer maneira, ele se apaixonou por uma pessoa, que dizendo ele, parecia-se comigo. Hoje ela deve ser diferente porque eu mesma mudei muito. Ele justificou o término como se a minha semelhança com Katherine fosse por minha culpa. Tentei fazer com que ele voltasse para mim, mas alguns dias se passaram, e ele parou de responder os meus e-mails. Acredito que ele não queria comprometer seu novo relacionamento. Hoje o Thiago e aquela moça são casados e têm dois filhos. Fico feliz por eles. Quando fui à Inglaterra visitá-los, as duas crianças me chamavam de Auntie Vanessa. Elas foram tão adoráveis comigo que acabei gostando de ser chamada de titia. Então, meu amigo, essa é a história do meu primeiro e único amor até hoje.

— Que interessante! — Paulo obviamente não sabia o que dizer.

— Às vezes, fico triste pelo fato de não ter dado certo com o Thiago. Se pelo menos ele tivesse ficado no Brasil! Só Deus sabe como seriam as coisas hoje. Só sei que eu nunca mais conheci alguém capaz de provocar essa mesma paixão em mim. Sabe de uma coisa interessante? Quando eu era criança, minha avó me fez acreditar que nem todo espinho na roseira fere o dedo. Por Thiago ser doce como uma flor, eu acreditei que ele fosse o espinho que não me machucaria. No entanto, eu me enganei. Ou será que não?

— Vamos aprendendo com o tempo.

— Concordo! Afinal, a vida é assim mesmo, difícil de compreender. E querendo ou não, fico contente por ter tido essa experiência de amor pelo menos uma vez na vida.

— E, também, quem sabe? Há muita coisa nesta vida para vivenciar ainda.

— É possível, sim — Vanessa disse, hesitante e esperançosa ao mesmo tempo.

Os dois se calaram por um momento. As estrelas no céu haviam se aglomerado acima do mar. O brilho desses astros cintilantes se espelhava na face da corrente infinita. De forma inesperada, uma sensação de serenidade adentrou e se espalhou no âmago da Vanessa. Isso deve ter acontecido porque ela se lembrou rapidamente dos dois personagens favoritos das histórias de sua avó Maria. Eram Marco e seu amo François LePain. Vovó Maria contou para Vanessa que certa vez, enquanto esses dois homens caminhavam num lugar ermo, sem água nem vida, Marco encontrava-se desesperado. François LePain, que não era como nenhum outro amo, percebeu a tristeza do criado e lhe disse: "Ó Marco, nobre servo, saiba que o futuro não é nada mais que uma caixinha de surpresas boas". Marco ficou alegre no mesmo instante. E no fim da jornada, deu tudo certo.

De repente, Vanessa se lembrou que tinha outro compromisso e disse para o Paulo:

— Meu Deus! Eu me esqueci do aniversário que eu tenho que ir.

Ao se levantar depressa, ela abraçou o amigo e acabou beijando-o nos lábios por engano. Parece que o beijo foi sem querer, e ela se desculpou de imediato.

— Desculpe, meu amigo. Era para ser um beijinho na bochecha.

— Eu sei. Não se preocupe. Essas coisas acontecem.

Paulo insistiu em acompanhá-la até um táxi. Depois disso, ele também pegou um táxi e voltou para casa. Enquanto estava sentado no carro, ficou pensando na moça do poema e no beijo da Vanessa. O poema da rosa vermelha chegou até ele no Parque Lage de maneira insólita. Já o beijo foi por puro engano. Pelo menos, foi o que Vanessa disse. Agora, Paulo estava mais do que confuso, tentando, em vão, compreender a ligação entre todos esses acontecimentos.

Chegando em casa, digitou a música "I'm Gonna Be" da banda The Proclaimers no YouTube e a escutou repetidas vezes. Como ele entendia inglês, acabou se apaixonando pela letra. Finalmente, o refrão ficou gravado em seu espírito.

Assim, Paulo foi para a cama, escutando a própria mente, que interpretava:

"But I would walk 500 miles
And I would walk 500 more
Just to be the man who walks a thousand miles
To fall down at your door
Da da da (da da da)
Da da da (da da da)
Da da da dun diddle un diddle un diddle uh da"

Minutos depois, Paulo adormeceu, sonhando com a Vanessa. No sonho, eles se beijaram. Todavia esse beijo não tinha sido por engano. No dia seguinte, acordou mais confuso ainda com tudo que estava acontecendo.

Depois de cogitar um pouco mais no assunto, acabou percebendo que ansiar o futuro não responderia às suas perguntas em relação ao amor. Só tinha uma coisa a ser feita: Deixar o tempo sanar as dúvidas do coração. Para que serviria ansiar o que ainda estava por vir? François LePain já dizia que o futuro é uma caixinha de surpresas boas.

Histórias da vovó Maria

Quando Vanessa tinha seis anos, seus pais se mudaram do Rio para Goiânia. Acontece que sua mãe havia passado no concurso para ser juíza de Direito. O pai, que já era um advogado bem-sucedido, pensou em estabelecer um anexo do escritório familiar em Goiânia. Uma vez lá, abriu um escritório de advocacia perto da Praça Cívica, não muito longe do prédio do Tribunal de Justiça, localizado no setor oeste da cidade. Ele era advogado trabalhista e costumava defender empresas de grande porte.

Os pais da Vanessa tinham uma vida bem regrada, perfeitamente organizada, às vezes até com um pouco de paranoia, o que não era agradável para sua saúde mental. Talvez fosse por isso que os dois se tratavam com um psiquiatra. Era claro que os dois tinham alguns problemas a resolver.

Visto que a mãe da Vanessa era juíza criminalista, ela e o marido andavam seriamente preocupados muito mais com os acontecimentos do futuro do que do presente. Sempre procuravam o melhor jeito de lidar com as vicissitudes do dia a dia, sendo que seu cotidiano se limitava apenas a seus respectivos trabalhos. Eles quase nunca ficavam em casa e não tinham distração nenhuma. Além de serem pessoas sérias, tomavam o maior cuidado com seus vaivéns para não se colocarem em perigo em Goiânia. Ainda que fosse raramente, eram informados dos homicídios de um ou outro jurista ligado à área criminalista. Assim, os pais da Vanessa viviam no medo incessante de perder a vida, uma vida só de trabalho.

Juntos com a Vanessa, eles moravam num condomínio chamado Aldeia do Vale, num casarão de mais de três milhões de reais, todo de madeira. A Aldeia do Vale é considerada um dos lugares habitacionais mais luxuosos da cidade, talvez o mais imponente.

No interior dessa construção ostensiva, ornada por uma vegetação exuberante, encontram-se vários estabelecimentos comerciais e esportivos, dezenas de lagos, um clube equestre com funcionários especializados, bistrôs com gastronomia internacional, lavanderias, supermercados, etc. Às vezes, na Aldeia do Vale, viam-se macacos, veados, raposas, capivaras e outros animais passeando nos pátios das casas.

Quando Vanessa era criança, gostava de andar com uma máquina fotográfica pendurada no pescoço, sempre preparada para registrar os momentos em que se deparava com os animais do condomínio. Várias vezes ela se encontrou cara a cara com os veados que a fitavam com um olhar penetrante, ou com os macacos que invadiam as casas à procura de comida.

Ao contrário de outras crianças da mesma idade, Vanessa não costumava ver os pais ao acordar de manhã. Eles andavam ocupados, sempre dedicados à busca de uma condição melhor para a filha. Quando Vanessa reclamava dessa ausência, eles diziam: "Querida, fazemos tudo isso para você. Amanhã, quando crescer, vai entender e vai nos agradecer". Vanessa nunca chegou a entender o raciocínio dos pais. Sendo assim, quando ela não ia para a escola, andava solitária pelos cômodos espaçosos da casa de madeira, erguida da terra como um castelo da cor do pôr do sol.

Por muitos anos, desejou que sua relação com os pais fosse diferente. Todavia, os próprios pais não mudavam. E finalmente acabou se acostumando com a falta deles, apesar de morarem juntos. Saíam bem cedo de manhã e voltavam tarde da noite. Vanessa passava o dia inteiro triste e sozinha naquela casa luxuosa, com uma piscina grande e uma área de lazer impecável. Muito cedo, ela percebeu que nem sempre a felicidade das pessoas tem a ver com a riqueza. Desse modo, começou a não se importar mais com a aparência das coisas.

A verdade é que ela não se sentia plena por estar naquele lugar altamente requintado. Além da falta dos pais, desejava alguma coisa que se encontrava fora dos limites da sua morada. Chegou até a pensar que a solução para sua tristeza esperava por ela nos parques e lagos do condomínio. Infelizmente, mesmo passeando com seu amiguinho Thiago por esses lugares, não encontrava a chave para a alegria. Dentro de si, tinha vários questionamentos. Por falta de sorte, nem os pais e nem os vizinhos sabiam responder às suas indagações.

Nada naquela residência enorme satisfazia o vazio que habitava seu coração. Ela procurou a resposta para sua tristeza e não a achou. Mas enquanto procurava, encontrou alguma coisa que a alegrava de quando em quando. Nada mais era do que o belíssimo gorjeio dos pássaros, que serenava seu coração todas as manhãs.

Certa vez, enquanto nadava na piscina, viu uma águia sobrevoando a casa. Embora não tivesse certeza de que fosse uma águia, preferiu acreditar nisso. O pássaro gigante, livre no alto do céu, adejava majestosamente. Ao ver isso, Vanessa se alegrou por se sentir liberta como aquele pássaro. Contudo, não demorou muito para ela perceber que quase nunca saía do condomínio. Portanto, entristeceu-se, pois, na verdade, ela não era um pássaro livre. Era um passarinho preso numa gaiola de ouro. Assim foi crescendo dessa forma, tendo luxo e pouca liberdade.

Na escola, Vanessa não tinha muitos amigos. Os pais a pressionavam para ser a melhor da turma, e esse espírito de competição não casava com suas amizades. Era comum as amizades terminarem quando um dos colegas tirava uma nota melhor. Vanessa nunca desejou o mal para ninguém. Apenas queria ser a melhor da turma, e seus colegas também. Afinal, que mal há em querer ser melhor que os outros? De qualquer maneira, ela era imatura para saber que ser melhor do que a si mesma é muito mais valioso do que ser melhor que os outros.

Como seus pais quase nunca ficavam em casa, ela se sentia invisível. Só a viam quando precisavam que ela fizesse algo. E ela quase nunca tinha nada a fazer, a não ser estudar e ficar reclusa em casa com a empregada, igual a uma prisioneira com seu agente penitenciário. Posto que a casa era enorme, cuidar dela requeria mais dedicação, e a empregada Dulce não tinha muito tempo para passar com a Vanessa. Mesmo assim, ela era a única pessoa que tinha mais afinidade com a jovem. Dulce conhecia Vanessa mais do que a própria mãe, pois cuidou dela desde que foram morar em Goiânia.

Ela não aprendeu quase nada com os pais, já que eles nunca falavam de mais nada a não ser leis, crimes e penas. Quando não discursavam sobre essas coisas, trancavam-se em seus respectivos escritórios, ora para assinar os votos, ora para peticionar. Apesar de seus horários bem cheios, decidiram não trabalhar aos domingos. Mas a verdade é que o pai ficava horas assistindo aos telejornais, pulando de um canal para outro, sempre à procura de mais informações. Já a mãe passava o dia todo descansando em seu leito refinado. Embora o domingo fosse o único dia em que os pais ficavam em casa, Vanessa só os via na hora do almoço e do jantar.

Sentindo uma solidão imensa, às vezes ela se sentava num canto do pátio da residência, pensando no passado, quando eles moravam no Rio. Naquela época, a mãe estudava para o concurso de magistratura e, como de costume, não lhe dava muita atenção. Já o pai cuidava de seus processos jurídicos em seu escritório durante o dia. À noite, quando chegava em casa, só falava de casos e audiências jurídicas, sempre se queixando dos prazos processuais. Vanessa, em silêncio, achava desnecessária a obsessão do pai para com o tempo.

Nas lembranças da Vanessa, os pais sempre foram os mesmos. Os anos se somavam, e eles não mudavam nada no seu jeito de vivenciar seus dias. Certa vez, Vanessa, ainda criança, fora reclamar da indiferença dos pais com sua falecida avó materna, vovó Maria. A anciã apenas lhe disse: "Quando se vive da mesma forma, é sempre difícil enxergar as infinitas possibilidades que a vida nos oferece. Você só precisa aprender a ser melhor que seus pais quando crescer".

Agora, Vanessa se encontrava nostálgica na sua residência em Goiânia. O passado lhe agradava mais do que o presente, recordando as histórias que a vovó Maria lhe contava. A maioria delas falavam das aventuras de Marco e seu amo François LePain. Ela parecia saber tudo sobre aqueles dois homens. Apenas ignorava uma coisa — como eles haviam se conhecido.

Certo dia, Vanessa perguntou à avó: "Vó, como Marco e seu amo François LePain se conheceram?".

— Marco era um espanhol pobre, e François LePain, um francês riquíssimo. Os dois se conheceram muito antes de virem a este mundo. Eram amigos antes da França e a Espanha existirem. Mas minha filha, de que adianta procurar saber de onde eles vieram ou para onde eles iam? — parou um instante. — O que é preciso saber sobre esses dois homens é que eles caminharam pelo mundo e ensinaram a pessoas como eu a coisa mais importante da vida.

— O quê? — Vanessa perguntou de imediato.

D. Maria respondeu suavemente à neta:

— O rio corria devagar, mas incansavelmente. O céu escuro, cheio de estrelas reluzentes, cintilava que nem um diamante. Marco estava admirando o silencioso bailar da corrente quando, de repente, seu mestre François LePain lhe disse: "A vida é repleta de coisas infinitas. No entanto, de todas elas, apenas uma realmente importa: o Amor. Ele está no início e no fim de toda a existência — D. Maria pegou a mão da neta. — O Amor é tudo que é preciso nesta vida, querida.

— Entendo, vó.

Nos fins de semana, quando Vanessa e seus pais moravam no Rio, ela visitava a avó, e as duas conversavam horas a fio. Ela passara uma boa parte da sua infância escutando as histórias de Marco e seu amo François LePain. Agora, morava numa casa enorme, cheia de coisas que honram a opulência. Ali, sentia falta da avó que morrera há um ano e que lhe dera tanto carinho e amor.

Servir

Antes de a Vanessa começar a estudar na Faculdade de Direito, pensava que faria amizades boas e sinceras durante o curso. Entretanto, logo após iniciar os estudos, percebeu que a maioria dos colegas eram pessoas mais preocupadas com a aparência das coisas do que com a sinceridade das palavras. Nos corredores da faculdade, era muito comum deparar-se com um estudante querendo provar que sabia mais que os outros. A maioria dos professores fazia o mesmo. Dessa forma, ensinavam aos alunos com o próprio exemplo. Por sorte, Vanessa pegou aulas com três professores diferenciados. Eles falavam sobre o amor, e por isso, quase ninguém assistia às suas aulas. Como a maioria dos alunos se importava mais com a lei do que com o amor, eles achavam essas aulas muito enfadonhas.

No primeiro período do curso, os colegas da Vanessa gostavam de discursar a respeito do naturalismo e do positivismo. Com o passar do tempo, as conversas começaram a seguir dois rumos opostos, onde eles nunca chegavam a um consenso. Assim sendo, as amizades se encontravam reféns das diferentes correntes de pensamento. Quanto à faculdade em geral, cumpre ressaltar que nem todos os estudantes conseguiam se encontrar nesse ambiente de atrito sem fim. Vanessa era um deles. Sentia-se como uma princesa fora do castelo. Realmente não era daquele meio. Mais uma vez, sentia-se deslocada, desentendida dos que caminhavam ao seu lado.

Às vezes, assistia aos debates acadêmicos através dos quais seus colegas procuravam o ponto de equilíbrio entre os extremos. O único e verdadeiro problema que eles sempre encontravam nessa tarefa era que a balança da justiça pendia sempre para um lado. François LePain já dizia a seu discípulo Marco: "A balança da justiça é como uma pequena chama. Ela vacila diante do vento quando o coração do juiz estremece perante a verdade".

No fim das contas, Vanessa se convenceu de que foram cinco anos perdidos naquela faculdade, todos esses anos estudando o que já se encontrava nos livros. Será que ela estava certa ou não? De qualquer forma, achou esses anos longos e tristes. Enquanto estudava, tinha a sensação de estar cercada por colegas que não tinham nada a compartilhar com ela. Eles, todavia, estavam muito felizes por estarem fazendo um curso que evoca a nobreza.

Por outro lado, os colegas da Vanessa não eram diferentes dos pais dela. Vanessa pensou que essa triste realidade não era culpa dos colegas, nem dos pais. Isso porque as pessoas em geral quase não têm nada para compartilharem entre si. Certa vez, ela até pensou que a culpa fosse do universo, mas finalmente, ponderou para si mesma: "Só falta Deus para revelar de quem é a culpa, porque os homens acham que não é deles".

Como na vida há sempre dois lados da mesma moeda, é importante lembrar que durante todo esse curso, no meio da insatisfação, Vanessa se divertia de vez em quando, principalmente com um dos colegas. Seu nome era Érico, mas todos o chamavam de Mister Black. Ele ganhara esse apelido porque andava sempre de terno preto, fizesse chuva ou sol. Apesar do calor, ele nunca desistia de sua vestimenta de chefe. Às vezes fazia trinta e cinco graus, e o calor ardia que nem fogo na pele, mas a crença de que um bom estudioso da Lei deve sempre andar de terno fazia o coração de Mister Black bater com mais ânimo. De vez em quando, sua gravata preta, que pendia do pescoço, quase o sufocava. E mesmo sentindo dificuldade de respirar, Mister Black seguia firme e resoluto em seus debates eloquentes, que tratavam das questões do Direito e das Leis. Em seus discursos intimidadores, gostava de usar palavras rebuscadas e gesticulava que nem um macaco contente. Mesmo não entendendo nada do que Mister Black falava, Vanessa aprendeu a gostar dele porque cada uma de suas falas era que nem uma peça de teatro muito divertida.

Logo depois de ter se formado, Vanessa conseguiu um cargo comissionado num gabinete de desembargador no Tribunal de Justiça. Tornou-se assessora de um juiz de segunda instância e trabalhou ali por sete anos. Naquele período, teve um namorado chamado Luís. Os dois se conheceram no local de trabalho. Dois dias depois, começaram a namorar. Após seis anos de namoro, Vanessa começou a questionar o namorado quanto ao casamento. No fundo do coração, ela não o amava, porém achava que o casamento faria dela uma mulher realizada. No entanto, ele precisava de mais tempo.

— Tempo para quê? — perguntou ao namorado certa noite.

Luís fingiu que não escutou e voltou a dormir. No dia seguinte, ela fez a mesma pergunta.

— Quero mais tempo para termos uma condição melhor — Luís respondeu com frieza.

— Que condição melhor? — Vanessa perguntou, indignada.

Ela perguntou isso porque o Luís já era um advogado brilhante e bem-sucedido. Era daqueles advogados que gostavam de se exibir com ternos de grife. O fato de ele não querer se decidir desencadeou o fim do namoro. Alguns meses após o término, Luís se casou com outra moça, que também colocava muita atenção na aparência e na forma de se vestir. Vanessa foi como convidada à cerimônia do casamento. Durante a celebração, ela percebeu que o Luís estava muito feliz, com uma felicidade que ele nunca havia demonstrado quando os dois estavam juntos. Surpreendentemente, ela não ficou triste por perceber isso. Ao contrário, esqueceu o passado e abriu o coração para receber o que estava por vir.

Vanessa, sozinha novamente, começou a viajar pelo mundo, indo a mais de quinze países. Sua primeira viagem foi significativa para ela. Foi à África do Sul no intuito de conhecer um pouco sobre o mundo "selvagem". Até então, ela achava que na África do Sul só havia safáris. Mas não era sua culpa, pois a mídia se encarregara de lhe ensinar isso.

Na África do Sul, foi tudo diferente do que ela esperava. Com muito entusiasmo, pousou os pés no Tambo International Airport, um dos dois aeroportos internacionais de Joanesburgo, um estabelecimento aconchegante e vasto como um bairro. Já na cidade, tudo era bem-feito, com estradas bem construídas, monumentos e prédios lindos. Na verdade, Joanesburgo é uma cidade metropolitana, e Vanessa precisava ver isso com os próprios olhos. A surpresa foi maior ainda quando se deparou com uma realidade econômica totalmente diferente do que aparecia nos jornais. Não deve ser por capricho que muitos consideram essa cidade A Cidade de Ouro.

Enquanto fazia turismo na África do Sul, ela não viu ninguém em condição de extrema pobreza. Talvez porque só andou pelos lugares mais nobres da cidade. Sabia que apesar da pobreza se manifestar em diferentes proporções, esta existe em todo lugar do mundo. Pelo menos agora, Vanessa percebia que no continente africano não há somente miséria e pobreza. Há também riqueza e alegria.

Durante sua estada na África do Sul, ela se apaixonou pelo povo acolhedor, que a tratou com amor e respeito. Também percebeu que nesse país, os animais não saem andando pelas ruas, atacando e devorando as pessoas. Sendo assim, ela teve de ir a um parque nacional para fazer um safári. Foi uma experiência única, o descobrimento de outra realidade que ela acabou gostando muito.

Depois da África do Sul, foi à Tunísia, e ali na cidade de Túnis, conheceu um casal brasileiro que estava em lua de mel. Contaram-lhe que haviam escolhido esse destino para honrar a memória dos avós do marido. Esses eram dois cidadãos franceses que estavam fugindo da invasão de Hitler durante a Segunda Guerra Mundial. Conheceram-se naquele país e se casaram logo depois. Alguns anos após o matrimônio fortuito, mudaram-se para o Sul do Brasil. Vanessa adorou ouvir essa história.

Ao sair de Túnis, foi ao Egito conhecer as grandes pirâmides de Gizé. No continente africano, passou também pela Argélia e o Marrocos. Conhecer uma parte da África foi uma experiência libertadora, pois ela havia crescido acreditando em tudo que as pessoas diziam sobre esse continente. Agora, percebeu que é sempre bom ter suas próprias experiências em vez de confiar nas opiniões alheias.

Após essa primeira experiência de viagens, Vanessa ficou viciada com a ideia de conhecer pessoas e culturas novas. Dessa forma, trabalhava o ano inteiro, e quando tirava férias, fazia imediatamente as malas e viajava por vários países. Acabou se tornando uma pessoa bem viajada. As aventuras loucas ou corriqueiras que ela vivenciava em suas viagens conseguiam inibir a sensação de solidão que a assolava. Por toda sua vida, ela sempre se sentira sozinha até começar a viajar, mas infelizmente na vida, nada dura para sempre. Com o passar do tempo, ser uma forasteira em terras alheias já não a satisfazia mais. Nada realmente conseguia serenar seu âmago até ela ir às Bahamas, onde gostou da forma com a qual os nativos da região serviam e tratavam os estrangeiros. Na hora, teve um insight em relação a sua insatisfação interior e pensou: "O que eu estou buscando é servir". Não que ela não servisse através do seu trabalho de assessora jurídica. A verdade é que ela desejava servir num ambiente mais suave e leve, onde poderia ter um contato mais direto com as pessoas.

Depois de voltar dessa viagem, alguns meses se passaram até ela se decidir sobre o que tinha de fazer para se sentir feliz. Finalmente, parou de trabalhar no Tribunal de Justiça e voltou a morar no Rio, sua cidade natal, onde abriu seu próprio negócio: o Café Sorriso.

O Don Juan de Lisboa

Um ano depois de conhecer um pouco da África, Vanessa decidiu ir à Europa, mais precisamente a Portugal. Ali estava ela, com seu vestido discreto, andando pelas ruas estreitas de Lisboa, subindo e descendo escadas, indo de um lugar para outro, curtindo os pontos turísticos. Ela estava feliz nas ruas de Lisboa, e isso era o que mais importava para ela. No seu olhar, dissimulava-se uma delicadeza sem igual. Estava perfeita com aqueles vestidos discretos, mas elegantes. Mostrava uma doçura no seu jeito de ser, e às vezes, um sorriso no canto dos lábios. Assim, ela tinha todas as armas embutidas na sua personalidade. Além disso, sempre caminhava com o amor ao seu lado. O amor, sua armadura no combate da vida.

Quando saía à noite, sentia que atraía muitos olhares. Alguns homens se aproximavam dela talvez com intenções não muito sérias. Ela, logo de saída, dizia que era assessora jurídica no Brasil, e eles desapareciam da mesma forma que tinham aparecido.

Enquanto Vanessa passeava em Lisboa, admirava as belezas que a cidade oferece aos turistas. É uma cidade linda, erguida da terra como uma princesa. Tudo nela era interessante: os prédios, as ruas, as árvores e as pessoas. Na parte da manhã, os raios do sol batiam na cidade, deixando-a radiante como uma fada. Em poucas palavras, Lisboa era simplesmente magnífica. Enquanto caminhava, Vanessa percebeu que havia se apaixonado pela cidade em pouquíssimo tempo.

Na segunda semana da sua estada em Lisboa, ela conheceu o Ronaldo. Ele, com certeza, não era um homem comum. Quase todas as noites, Ronaldo saía à procura de uma companhia feminina. Certa noite, Vanessa estava num botequim quando, de repente, o Ronaldo apareceu. Era alto, moreno e bem arrumado.

— Bonsoir, Madame. comment-allez vous?

Vanessa sabia só o suficiente para dizer que não falava francês. Ela então respondeu, sorridente:

— Bonsoir, Monsieur. Je ne parle pas français.

Os dois sorriram. Ela percebeu que o Ronaldo estava brincando. Ele prosseguiu a conversa em português.

— Você é brasileira?

— Sou, e você? É o francês de Lisboa? — ela perguntou com ironia.

— Sou um português que fala francês em Lisboa — disse, risonho.

Enquanto os dois conversavam, Vanessa percebeu que o hálito do Ronaldo era de menta, o que mostrava que ele não fumava e nem bebia. Ela, então, ficou mais animada com a conversa. Ronaldo gostava de futebol, e Vanessa era apaixonada pelo Ronaldo Fenômeno. Foi assim que os dois começaram a discutir sobre qual era o melhor Ronaldo do mundo. Foi uma discussão saudável, e a Vanessa acabou concordando que o Cristiano Ronaldo era o melhor porque raramente se machucava.

— Concordo com você só porque o Cristiano Ronaldo nunca machucou o joelho — ela disse para concluir a eleição do melhor Ronaldo do mundo.

Quando o garçom perguntou ao Ronaldo o que ele queria, ele respondeu:

— Uma garrafa de água, por favor.

Vanessa sorriu e pediu a mesma coisa. Gostava dos homens educados, e o Ronaldo era muito educado. Portanto, logo após os dois iniciarem a conversa, ele não demorou para conquistá-la. Pelo menos, foi isso que ele pensou. Vanessa conheceu várias facetas do Ronaldo naquela noite. Só não sabia de uma coisa sobre ele. Ignorava que ele ia aos botecos todas as noites e paquerava as moças com seu sorriso meigo. Muitas vezes falava francês com as desconhecidas, e elas adoravam seu charme. Ele dizia para elas que aprendera francês em Paris. Dizia também que em Paris, o amor é rei e súdito ao mesmo tempo e que ele se encontra em todo lugar, em todo olhar. Dizia para elas que em Paris, o amor conquistava o coração de quem quer que fosse sem precisar subjugá-lo. Falava dos passeios de barco pelo Sena. Contava suas aventuras românticas nos parques, jardins e museus de Paris. E por fim, listava os restaurantes famosos da gastronomia francesa. Assim, conquistava o coração das desconhecidas que passavam por Lisboa.

A paquera usando Paris se repetiu com a Vanessa, e ela escutava com entusiasmo e curiosidade. No seu âmago, Ronaldo se alegrava, pois pensava que estava conquistando aquela moça do Rio. Às vezes, ele sorria para ela, e ela fazia o mesmo. Naquele momento, eles eram navegadores, e a paixão, seu mar. Enquanto conversava com a Vanessa, Ronaldo era elegante igual a um nobre cavalheiro diante de uma princesa. Entretanto, ele também era um Don Juan nato. Gostava das moças, mas nunca as levava a sério. Vivia flertando, dividindo-se entre os romances das noites de Lisboa. Esse era seu lado escuro e romântico ao mesmo tempo. Por outro lado, Vanessa olhava para ele com desejo e achava interessante a ideia de um romance passageiro. Desde o término do seu namoro com o Luís, ela só teve um relacionamento até então. "Um romance! Por que não? Sou solteira, e ele também", pensou e continuou a conversa. Não queria nada sério. Sendo assim, ofereceu seu coração para o Ronaldo só naquela noite.

O belo rosto da Vanessa conquistou o Ronaldo inteiramente. Seu olhar, perigoso como um revólver, atirou nele, e ele a desejou como desejava todas as moças. Ele ignorava que a Vanessa não era uma moça comum. De conversa em conversa, o amor entre os dois se consumiu. Às vezes eles não se entendiam bem, porque Ronaldo falava com um sotaque português muito forte. Contudo, isso não foi um problema para se aproximarem fisicamente. E o Ronaldo era mestre no amor com desconhecidas. Já Vanessa só estava gostando de ter uma aventura diferente aquela única vez. Depois de se amarem, dormiram em paz, abraçados.

No dia seguinte, Ronaldo se surpreendeu quando fez uma coisa que nunca havia feito — passou o dia com a desconhecida. Foi mais surpreendente ainda quando se esforçou para falar português com sotaque brasileiro. Disse:

— Vanessa, você gostaria de ir a Paris comigo?

Vanessa, feliz da vida, pensou: "Paris? Nossa, que romântico!". E respondeu:

— Gostaria, sim, Ronaldo. Gostaria de ir com você.

Dois dias depois, foram a Paris, onde passearam e namoraram até não querer mais.

Certa manhã, enquanto Vanessa ainda dormia, Ronaldo ficou observando-a por vários minutos. Ele já estava apaixonado de verdade. No fundo do coração, sabia que ela só estava curtindo o romance do momento presente. Ele pegou o seu celular e digitou "Vanessa". Ficou curioso em saber a etimologia desse nome. Encontrou no Google que Vanessa era o nome de uma borboleta. Contudo, não ficou satisfeito com isso e ficou vasculhando a internet até encontrar uma cafeteria francesa chamada "Vanessa".

Depois de Vanessa acordar, Ronaldo a levou a esse café. Na entrada, havia um quadro com um poema em francês:

D'une romance à l'autre,
elle est une passionnée.
D'un pays à l'autre,
elle est une romantique.
Elle vole, elle voyage,
le sac à dos,
et l'amour toujours à ses côtés.

Vanessa disse:

— Ronaldo, você poderia traduzir para mim?

— Com prazer!

Ronaldo leu o poema:

De um romance para outro,
ela é uma apaixonada.
De um país para outro,
ela é uma romântica.
Ela voa, ela viaja,
com a mochila nas costas,
e o amor sempre ao seu lado.

Naquele momento, Ronaldo percebeu que o romance com a Vanessa não tinha futuro, e que ela talvez nunca mais passaria por Lisboa. Pela primeira vez, sentiu-se triste no meio de um romance. E esse, na verdade, era o melhor e o mais intenso de todos os romances que ele havia vivenciado até então. Por anos, brincara com o coração das mulheres, amando-as apenas por uma noite, e a maioria delas se apaixonava por ele. Para todas essas moças, ele dizia: "Eu não sou de amar. Eu sou de namorar. É uma coisa que não consigo mudar".

O único problema com a Vanessa é que ela nunca falava nada sobre o amor, nem sobre a paixão. Falava de muitas coisas, mas nunca sobre o charme do Ronaldo e a possibilidade de um dia voltar a Lisboa. Talvez fosse porque para ela, aquilo não era nada mais do que uma experiência agradável. Já Ronaldo, em seu íntimo, estava apaixonadíssimo por ela. Ele se sentia magoado por ela não corresponder a essa paixão. Mas vai fazer o quê? Vanessa só estava ali curtindo sua viagem e amando a Europa o máximo que podia.

Num determinado momento, enquanto os dois passeavam em Paris, Ronaldo lhe perguntou:

— Vanessa, o que você acha de mim?

— Você é legal e tem uma boa energia.

Embora Ronaldo ficasse decepcionado e triste com essa resposta, ele não deixou isso transparecer. No fundo, queria que ela o achasse bonito e fascinante. Mas as coisas na vida nem sempre acontecem como desejamos. Vanessa não fez nenhum mal a ninguém. Assim, voltou para o Brasil feliz da vida, ignorando que acabara de partir o coração de alguém.

Já Ronaldo voltou para Lisboa, desiludido. Ao pensar na Vanessa, ele acabou desvendando o segredo dela. Um segredo que talvez nem ela soubesse de si mesma. Vanessa era uma viajante do mundo, difícil de se acessar, difícil de se conquistar. No entanto, foi muito fácil amá-la e se apaixonar por ela. Caminhava pelas estradas da Terra, seguindo sempre o fluxo da vida, indo aonde o vento a levava, não se importando com o que viesse. Apenas deliciava-se com o momento presente.

Durante vários dias após o romance com a Vanessa, Ronaldo ficou meditando sobre o acontecido. Em algum momento, em uma das suas contemplações, acabou se colocando no lugar das moças que se apaixonaram por ele. Percebeu, então, que nem sempre agira da melhor forma com elas. Ele as tratara sem lhes dar valor, sem honrar o amor. Daquele momento em diante, apesar de continuar sendo elegante e cavalheiro com as moças, Ronaldo decidiu amar uma mulher de cada vez e não se incomodava de esperar a moça certa o tempo que fosse preciso.

À noite, em Lisboa, em vez de ir aos botecos, ficava em casa, lia um pouco e escrevia poemas de amor. Com o passar do tempo, deixou de ser o Don Juan de Lisboa e se tornou o maior poeta romântico da cidade. Certa vez, enquanto dava uma palestra sobre o amor, disse aos ouvintes: "Toda mulher é uma rainha e deve ser tratada como tal".

Ao residirmos no espírito, ou na Alma, viveremos em felicidade, pois a Alma é uma entidade feliz.
Paul Twitchell

Contemplação

Antes de sair para se encontrar com o Paulo, Karina se lembrou de quando estava à procura de uma continuidade para suas práticas espirituais. Havia passado um tempo na Findhorn Ecovillage, na Escócia, e em Auroville, na Índia. Eram lugares especiais, e ela achava que poderia encontrar aí o que buscava.

Primeiro, passou quinze dias em Findhorn. Ali se encontravam centenas de pessoas vivendo em comunidade, em harmonia com a natureza. Os membros desse grupo costumam organizar atividades de reflexão com um aspecto holístico. Apesar de gostar dessa experiência, recebeu a orientação interna para não permanecer lá. Depois Karina decidiu passar um tempo na Índia, em Auroville. É uma cidade que abriga a ideia de que homens e mulheres de todos os lugares do mundo podem compartilhar uma vida de paz e felicidade, não importando a política, nacionalidade ou crença. Ela curtiu muito a experiência espiritual que teve nesses dois lugares, mas sentiu no coração que a vida ali não era para ela, e acabou voltando para o Rio. Algum tempo depois, percebeu que precisava atender uma necessidade de individualidade em sua jornada de autoconhecimento. Viver numa comunidade não era a resposta para o que estava buscando.

Depois de se lembrar de tudo isso, foi ao encontro do Paulo para irem ao Cristo Redentor, que se encontra no Parque Nacional da Tijuca, majestosamente erguido no cume do morro do Corcovado.

O Cristo Redentor abre os braços para receber os homens como são, sem discriminação nem preferência. Assim, ensina a eles que não há nada mais belo do que o amor nesta vida.

Karina e Paulo tinham a sensação de que Deus estava presente em tudo ao seu redor. No céu claro, o sol brilhava, e a cidade se estendia abaixo da emblemática estátua de Jesus Cristo. Dividido entre a natureza e a modernidade, o Rio se mostrava a mais bela cidade do mundo.

Enquanto Paulo, com o olhar pensativo, admirava a imponente cidade na qual nascera, lembrou-se de quando era criança. Na época, gostava do Cristo, mas ia até lá muito raramente. Seu pai nunca concordou com essa representação do Messias. Ele achava que o filho de Deus é onipotente e não pode ser limitado a uma estátua. Agora, Paulo não era mais aquele menino disciplinado que acreditava nas doutrinas religiosas, todas prontas. Como adulto, encontrava-se num momento delicado em sua vida. Chegou a um ponto em que não sabia mais no que acreditar. No seu coração, a fé não se perdeu. Ele só não sabia mais que rumo tomar.

Karina principiou a conversa:

— E seus pais? Estão bem?

— Só tenho meu pai. Minha mãe já faleceu.

— Sinto muito!

— Tudo bem!

— E seu pai está bem?

— Acredito que sim. Mas a verdade é que não converso muito com ele.

— O que foi que aconteceu? Gostaria de falar sobre isso?

— Não foi nada de mais. Só acho que eu e ele temos pontos de vista diferentes sobre as coisas da vida.

— Se quiser falar, fique à vontade.

— Não sei se é apropriado eu lhe falar sobre os problemas da família.

— Pode falar se acha que vai lhe fazer algum bem.

— Acho que vai, sim.

— Que bom! — Karina disse, contente.

Paulo começou a falar:

— Meu pai é pastor e tem um coração bom. Tivemos um desentendimento quando minha mãe faleceu. Acho melhor te falar um pouco da minha mãe, e aí, você poderá entender melhor a história.

— Tudo bem. Pode contar.

— Minha mãe, quando era mais nova, sonhava em trabalhar na área de saúde. No entanto, a vida decidiu de outra forma. Acontece que ela tinha jeito para ser cabeleireira, e de repente, decidiu trabalhar nesse ramo, abrindo um salão de beleza. O problema comigo foi desde a minha infância. Minha mãe queria que eu fosse médico ao crescer para realizar seu sonho frustrado. Infelizmente, segui outro caminho, e desde então, minha relação com ela e meu pai se deteriorou. Até no leito do hospital, à beira da morte, ela não havia me perdoado por eu ter seguido minha própria vontade. Sabe, no último dia em que eu a vi, ela estava acamada. Estava num estágio terminal de câncer e tinha emagrecido muito. Fiquei com pena, vendo-a tão enfraquecida naquele leito de hospital. Eu não podia fazer nada para ajudá-la. Ela que sempre fora uma mulher forte. E foi um choque vê-la totalmente sem forças e entregue à doença. Eu e ela estávamos conversando quando comecei a chorar. Não tinha como ser forte diante do seu padecimento. E olha, ela me disse que estava feliz com sua partida iminente. Mas foi difícil aceitar quando ela sussurrou que gostaria de ter sido tratada por seu próprio filho. Eu me arrependi de não fazer o que ela havia desejado e não me senti digno dela. Não tive mais coragem de visitá-la novamente até ela falecer. Eu cresci com muita admiração por ela. Ela era uma mulher empoderada, uma mãe heroína, uma pessoa que me inspirava em tudo que eu fazia. Por isso, eu não soube lidar com a situação ao perceber que ela não tinha orgulho de mim ao morrer. Depois do falecimento, acabei me afastando do meu pai também. Ele reclamava pelo fato de eu não ter ido visitá-la nesses momentos difíceis. Foi uma situação um pouco delicada e é difícil falar disso. Eu me arrependo de ter agido daquela forma. E hoje, quase quatro anos depois de ela falecer, consigo entender os motivos da minha mãe. Os pais costumam colocar seus próprios sonhos nos ombros dos filhos. No meu caso, minha mãe queria que eu fosse médico desde a infância. Eu me lembro que ela me fazia repetir "Eu vou ser médico ao crescer" quando eu ficava desenhando ou pintando em algum lugar da casa. Era sua forma de desejar um bom futuro para mim.

— Você nunca pensou na possiblidade de ser médico?

— Não, nunca. A verdade é que eu sempre fui um menino doentio. Na minha infância, passei tanto tempo no hospital que comecei a detestar tudo relacionado com a medicina. Além disso, o outro grande dilema da minha vida é que, no fundo, nem eu sabia o que eu realmente queria fazer quando crescesse. Eu sempre me pergunto sobre o que quero da vida, e o que ela quer de mim. Mas não recebo nenhuma resposta. Hoje, com quarenta e oito anos, depois de já estar sem um emprego há mais de dois anos, ainda não decidi o que fazer na próxima etapa da minha vida profissional.

Karina interrompeu Paulo e perguntou:

— E como você se sustenta?

— Graças a Deus, não me preocupo com o dinheiro. Meu salário era alto quando eu trabalhava, então consegui juntar bastante dinheiro naquela época. Além disso, eu gasto muito pouco. Minha ex-mulher ficou com o nosso apartamento em Ipanema depois do divórcio, e agora eu moro num apartamento pequeno em Copacabana.

— Já tentou desabafar com seu pai? Falar sinceramente como você se sente em relação a tudo isso?

— Não adiantaria de nada. Ele é igual à minha falecida mãe, nunca escuta. E já faz mais de três anos que não temos uma boa conversa. Ele ainda está ressentido comigo.

— Posso imaginar como a perda da sua mãe foi difícil para vocês dois. Mas acredito que uma conversa sincera seja capaz de atenuar, e quem sabe, até resolver essa situação conflituosa. Quanto à sua mãe, você poderia tentar perdoá-la, e mais importante ainda, perdoar a si mesmo. Afinal, parece que tudo que ela fez foi para te proteger. Mas ao mesmo tempo, vejo que você também tinha o direito de fazer o que você queria da sua vida.

— Entendo. Muito obrigado! Agora, acho difícil conversar com meu pai sobre tudo isso. Por ser pastor, ele pensa que é detentor da palavra de Deus e acha que está sempre com a razão. Então não sei ao certo como ele reagirá.

— Só Deus sabe das coisas! Mas você tem que fazer sua parte. Talvez ele te surpreenda.

— É verdade! Mas o que fazer quando se está diante de uma pessoa que não gosta de escutar os outros?

— Colocar-se no lugar do próximo é uma coisa difícil hoje em dia. Geralmente, quando percebo que alguém não gosta de escutar os outros, eu simplesmente escuto essa pessoa e guardo minha fala no coração. Às vezes, aproveitamos mais da conversa ao praticar o silêncio.

Eles sorriram. Em seguida, Paulo pôs a mão na testa e pensou um pouco. Perplexo, perguntou para a Karina:

— Falando dos múltiplos dilemas da vida, o que você faz quando as dúvidas atormentam seu espírito?

— Eu faço um exercício espiritual, uma contemplação.

— Só isso?

— Só — Karina respondeu, sucinta e sempre sorridente.

— Hum! — Paulo franziu o cenho. — É tão simples assim?

— É, sim.

— Teria como você me explicar um pouco mais como se faz uma contemplação?

— OK! Com prazer! A contemplação é basicamente uma prática espiritual que nos ajuda a ir ao nosso templo interno. À medida que fazemos a contemplação, vamos nos conhecendo aos poucos. É uma forma de nos encontrarmos enquanto vivemos aqui na Terra. Uma maneira de vivenciar a felicidade de dentro para fora. Assim, conseguimos encontrar paz independentemente das circunstâncias da vida, sejam elas positivas ou negativas.

— Quando você fala do templo interno, está falando da Alma?

— Com certeza!

— É engraçado perceber que Sócrates já havia feito essa ponderação há milênios.

— Verdade! Ele dizia: "Conhece-te a ti mesmo e conhecerás os deuses e o universo".

— Quando penso nessa afirmação de Sócrates, sempre surge a mesma pergunta, um enigma difícil de decifrar.

— Qual é o seu questionamento?

— O que parece nos faltar para que nos sintamos felizes é a completude, não é?

— É, sim.

— Minha indagação a respeito da felicidade é que se realmente temos tudo em nós, se realmente a Alma já é completa, por que então projetamos nossa plenitude nas coisas ou nas pessoas?

— Talvez o problema com a busca da felicidade seja gastarmos muita energia, tempo e dinheiro, e no fim das contas, nada nos satisfaz. Por outro lado, acredito que se nós procurarmos ser livres espiritualmente, quero dizer, se tivermos o hábito de entrar em contato com a plenitude dentro de nós mesmos diariamente, não dependemos da felicidade que se baseia nas coisas externas.

— Isso seria ir ao templo interno?

— Exatamente!

— Que interessante! Houve uma época em que eu praticava meditação. Eu conseguia silenciar a mente, mas não posso dizer se eu já fui ao meu templo interno. Quem sabe? Talvez eu tenha ido, mas inconscientemente.

— Então, sobre ir ao templo interno, a contemplação é uma forma mais suave e ao mesmo tempo mais ativa do que a meditação. Sabe, sem conflitar com a mente, não tentando forçá-la a se silenciar, apenas deixando os pensamentos fluírem como o rio da vida. Às vezes, eles desaparecem. Outras vezes, fazem-se presentes, tornando-se cada vez mais relevantes para os questionamentos do momento.

— E é possível fazer a contemplação cantando um mantra?

— É, sim.

— Eu vejo que muitas pessoas gostam de cantar o OM. Você conhece outro mantra que tenha uma vibração parecida?

— Conheço. Além do OM, eu canto também o HU. Percebo que a vibração do HU é um pouco mais sutil. Mas acredito que cada um tenha sua preferência por um determinado mantra.

— Karina, você já teve um insight durante suas contemplações? Quero dizer, uma ideia criativa, uma resposta a uma pergunta ou uma solução para algum problema da vida?

— Já. E na verdade, foram várias vezes. Mas além da contemplação, os insights podem aparecer a qualquer momento do dia, às vezes antes de dormir, nos sonhos ou quando estamos em silêncio. Acredito que, se nós nos abrirmos, estaremos sempre em comunicação com o universo.

Com um semblante feliz, Paulo disse:

— Falando do universo, dizem que ele conspira a nosso favor. E agora, percebo claramente como a vida pode ser abençoada quando se sabe escutar e cooperar com o todo.

— É verdade! Afinal, tudo depende de nós. Por isso, gosto de pensar que a vida é simples.

Paulo concordou e disse:

— Karina, você tem uma forma tão sábia de enxergar a vida! Eu só posso agradecer por aprender com você.

— Fico feliz em falar sobre a vida! — Karina disse com o olhar repleto de satisfação.

Do alto do morro do Corcovado, Paulo olhou para os bairros abaixo, e a vista da cidade o maravilhou. Ele então fechou os olhos e instantaneamente sentiu uma onda de paz conquistando seu âmago. Naquele breve instante, teve a sensação de que o universo e ele formavam uma entidade só. Inspirou um ar suave e disse com delicadeza: "Acho que devo visitar meu pai imediatamente. Quero conversar com ele sobre como eu me sinto em relação a tudo que aconteceu entre nós".

Karina perguntou:

— Não teria que avisá-lo antes?

— Não precisa. Desde que se aposentou da igreja, ele passa o dia todo em casa.

Eles desceram do Cristo, e enquanto caminhavam, Paulo constatou que era muito mais fácil descer do que subir e pensou na própria vida. Havia levado muitos anos para construir uma vida decente e, de repente, em muito pouco tempo, perdera tudo. Mas agora sabia que a felicidade na vida não depende das coisas externas.

Ao se despedirem, Karina disse:

— Boa sorte com seu pai!

— Obrigado, Karina!

E cada um seguiu seu caminho.

O caminho

A morte do Diego foi uma realidade que Paulo demorou para aceitar. Amava muito o primo, e essa perda, de algum modo, contribuiu também para seu afastamento do pai. Naquela época, Paulo tentava em vão entender a Justiça de Deus. Perguntava-se como Diego podia ter perdido a vida na flor da idade.

Ao tentar encontrar uma resposta, Gabriel, seu pai, não ajudava nesse processo. Para explicar tudo que acontecia na vida, ele recitava os versículos da Bíblia. Paulo chegou ao ponto de não aguentar mais escutar os sermões do pai e fugia de casa para ir jogar bola com os amigos do bairro.

Nessa época, só o futebol conseguia alegrar o Paulo. Jogava cada partida como se fosse a última. Levava o futebol tão a sério que nas peladas ninguém queria que ele fizesse parte do time, pois reclamava quando seu time perdia.

Paulo faltava aos cultos da igreja para jogar bola, e seu pai ficava sem graça diante de seu rebanho. Certa vez, Gabriel disse ao filho: "Lembre-se de que você é filho de pastor e não deve ficar na rua com as pessoas que não frequentam a igreja". É surpreendente como Paulo era diferente do pai! Às vezes nem parecia que era filho de pastor.

Anos depois, quando Paulo perdeu o emprego, seu pai, em vez de apoiá-lo, tentou culpá-lo. Disse que lhe oferecera a mão de Deus, mas ele preferira seguir o caminho da perdição. Paulo parou de contar quantas vezes o pai lhe dizia: "Você não acha melhor salvar vidas do que trabalhar na área financeira?". Nunca conseguiu aceitar a escolha do filho de ser economista.

Voltando um pouco no passado, a mágoa no coração do Paulo em relação ao pai tinha raízes bem profundas. Certa noite, perguntou ao pai sobre o sentido da vida. Esse não soube lhe responder e apenas disse: "Tudo na vida acontece pela Graça Divina". Na verdade, ele sempre evocava a Graça Divina para responder a todas as perguntas do filho, como se isso fosse uma fórmula que bastasse para todo tipo de questionamento.

Paulo começou então a duvidar do pai. Também se sentia decepcionado, pois achava que um pastor tinha de ter a resposta certa para todas as situações da vida. "Para que serve todo esse esforço a fim de encontrar a felicidade na vida quando se sabe que viemos e partimos com nada?". Essa era uma das muitas perguntas que o Paulo levava consigo por todo lugar que passava.

Agora, no momento presente, decidiu visitar o pai depois de haver conversado com a Karina. Foi à casa em que crescera, não longe da Praia de Botafogo. Já fazia mais de três anos que ele havia conversado com o pai, desde que a mãe falecera.

— Boa tarde, pai!

— Boa tarde, filho!

— Está tudo bem com o senhor?

— Está, sim. E com você, meu filho?

— Tudo bem, também.

Os dois se calaram, e o clima começou a pesar nos ombros de ambos. Gabriel não parecia animado com a visita do filho. Sabia que há feridas que nem sempre o tempo cura. A mágoa, embora não seja vista a olho nu, é também uma ferida que fica escondida no coração. Às vezes, só é preciso palavras amenas para acalentar o coração do magoado e dissipar o ressentimento. Como a Karina dissera ao Paulo, uma conversa sincera é capaz de atenuar, e quem sabe, até resolver uma situação conflituosa.

Gabriel finalmente quebrou o silêncio:

— Por que você deixou de visitá-la?

— Quem?

— Sua mãe.

— Da última vez em que eu fui vê-la no hospital, ela me disse que gostaria que eu fosse o médico que a tratava. Percebi que ela não havia me perdoado por eu ter escolhido outra profissão. Assim, pensei que eu não era digno dela e não voltei mais ao hospital.

— Você sabe muito bem como sua mãe era. Sempre foi uma pessoa obstinada, mas isso não quer dizer que ela não te amava.

— É verdade. Hoje eu a entendo melhor.

— Você me parece mais sábio. O que está acontecendo com você?

— Acho que aprendemos sobre nós mesmos com o passar dos anos. Hoje, sei que eu magoei o senhor e peço desculpas do fundo do coração.

— Sofri com a perda da sua mãe, mas sofri mais ainda quando você se afastou de mim. E agora estou muito feliz de poder curar as feridas do passado. Vem cá! Me dá um abraço!

— Fico feliz também, pai.

Com os rostos cheios de lágrimas de perdão, os dois se abraçaram. Em seguida, Paulo disse:

— A empregada me disse que o senhor vai à igreja com pouca frequência.

— É verdade! Depois de me aposentar, passei meses em casa, e isso me ajudou a entender uma coisa importante.

— O quê, pai?

— Meu filho, cheguei à conclusão que dentro de nós, há tudo que precisamos na vida. O reino de Deus não está em nenhum culto ou templo específico. Está no coração de cada ser. E o único caminho para chegar até o Santo Pai é o Amor.

Paulo escutava maravilhado o pai falando sobre o caminho que leva a Deus, muito parecido com o que a Karina havia dito no passeio ao Cristo. Os dois falaram da ida ao templo interno. Pela primeira vez na vida, seu pai lhe disse algo que o ajudaria a resolver um de seus grandes dilemas. Ele sorria para o pai, enquanto dentro de si vivenciava um júbilo total. Como uma criança, que há muito tempo estava com sede da palavra de Deus, perguntou:

— Pai, como se pode encontrar o Amor no nosso dia a dia?

— É simples, meu filho. Na Bíblia, em Mateus 22:37-39, encontramos: "37 E Jesus lhe disse: Amarás o Senhor teu Deus de todo o teu coração, e de toda a tua alma, e de todo o teu pensamento. 38 Este é o primeiro e grande mandamento. 39 E o segundo, semelhante a este, é: Amarás o teu próximo como a ti mesmo".

Naquele dia, Paulo e Gabriel se entregaram ao sentimento do perdão e voltaram a sorrir um para o outro. Na harmonia das emoções, pai e filho se reconciliaram para se tornarem uma unidade: o Amor.

Diamantes de conexão

Hoje Paulo acordou com o espírito mais sereno. Agora sabia que seu pai jamais havia deixado de amá-lo. Logo após acordar, respondeu as mensagens dos filhos no WhatsApp e mandou um "Oi" para a Karina.

[Oi, Karina, tudo bem com você?]

[Tudo, e com você?]

[Tudo bem, também.]

[Deu tudo certo com seu pai?] — a mensagem da Karina dizia.

[Sim, estamos bem agora. Obrigado por sugerir que eu fale com ele. O que você acha de nos encontrarmos no Jardim Botânico para você me falar mais sobre esse assunto? Pode ser no dia que der para você.]

[Se você quiser, podemos nos encontrar lá amanhã às nove horas.]

[Fica ótimo para mim. Mais uma vez, gratidão por tudo!]

[Obrigada a você! Até amanhã!]

Até!]

Karina achou a ideia interessante, pois assim poderia fazer duas coisas que gostava muito: passear e compartilhar um pouco do que sabia da Liberdade Espiritual. Vale ressaltar que ela não era de ficar falando para todo mundo de suas proezas espirituais. É uma coisa que só fazia com as pessoas que desejavam saber mais a respeito da busca da verdade interior e que lhe pediam para falar sobre isso.

"Se eu consegui encontrar a paz em mim mesma, por que não compartilhar isso com outras pessoas?", Karina pensava dessa forma. Ademais, ela tinha uma energia boa, e as pessoas queriam saber de onde vinha aquela vibração positiva. Certa vez, um de seus amigos olhou para ela e disse: "Karina, você está sempre feliz. Como você faz isso?". Ao que ela respondeu: "Gosto de pensar que a vida é simples e bela". Na verdade, ela tinha um código de conduta com o qual lidava com seus problemas. Essa lei interna consistia em nunca contar para as pessoas as experiências negativas da sua vida pessoal. Essa explicação não fazia sentido para aquele rapaz porque falar de seus problemas era o que ele sabia fazer de melhor.

Dessa maneira, mesmo tendo problemas e dificuldades como todo mundo, Karina estava sempre feliz. Praticava as leis do silêncio e do contentamento, guardando seu sofrimento para si mesma e oferecendo os ouvidos aos que realmente precisavam desabafar ou chorar suas agonias. Quando se vive assim, a vida só pode ser uma experiência fascinante e satisfatória.

Depois de trocar mensagens com a Karina, Paulo se levantou, arrumou a cama e tomou o café da manhã. Em seguida, foi caminhar um pouco no calçadão. Ao inserir novos hábitos em seu cotidiano, ele vinha mudando desde que conhecera a Karina. Agora sabia que o corpo e o espírito são uma coisa só, e para que funcionem corretamente, é preciso coordená-los de forma harmoniosa. Ulisses, um de seus amigos, amante da saúde, que se tornara famoso por cuidar tão bem do corpo, já lhe havia dito que todo corpo equilibrado abriga um espírito livre e sereno.

Depois da caminhada, o resto daquele dia transcorreu normalmente. Quando a noite chegou, Paulo dormiu bem, e no dia seguinte, foi ao encontro da Karina.

Ela foi a primeira a chegar e já estava esperando na entrada do Jardim Botânico. Esse estabelecimento, com uma vegetação luxuriante e uma beleza exótica, é considerado a área verde mais primorosa e preservada do Rio. Ali, encontram-se vários tipos de flora de origem nacional e internacional, monumentos de grande valor artístico e histórico e uma grande variedade de artefatos arqueológicos. Além disso, nota-se também a mais emblemática biblioteca de botânica do Brasil.

Depois de se cumprimentarem, Karina e Paulo começaram a caminhar pela alameda de palmeiras-imperiais. Ela queria lhe mostrar uma palmeira que tinha sido plantada exatamente no dia em que um de seus irmãos nascera. Ela se lembrava de sempre procurar essa palmeira quando ia com os pais e os irmãos ao Jardim Botânico. Paulo adorou ver a palmeira e disse:

— Que interessante vocês poderem acompanhar o crescimento da palmeira e do seu irmão à medida que os anos passavam.

— Verdade! Foi uma experiência muito boa ver como os humanos e as plantas crescem. Hoje o meu irmão já é adulto, e a palmeira está altíssima.

Paulo continuou:

— Karina, você uma vez me falou sobre como funciona a contemplação. Teria como você me contar um pouco como descobriu essa prática?

— Claro! Mas é uma história relativamente longa.

— Temos o tempo de uma vida — Paulo disse com um olhar irônico, mas engraçado.

Os dois deram uma risada, pois era a mesma frase que Karina lhe dissera no dia em que eles se conheceram. Ela começou a falar, enquanto Paulo se mantinha atento e curioso ao mesmo tempo.

— Sabe, em 1976, eu trabalhava como comissária de bordo numa companhia aérea alemã. Foi um período interessante da minha vida, um pouco cansativo, mas fascinante. No fim das contas, valeu a pena ter vivenciado essas viagens no alto do céu. Foi bom enquanto durou. Eu tinha começado esse trabalho com o intuito de preencher um vazio que eu sentia no peito. Era uma profunda insatisfação que eu levava comigo desde a infância. Assim, achei que ser aeromoça poderia alegrar o meu coração, mas eu me enganei. Com o passar do tempo, percebi que eu tinha que encontrar algo mais para conseguir a paz desejada. Sendo assim, acabei conhecendo um curso de prática espiritual que ensinava as pessoas a meditarem. Eles me ensinaram a ir ao templo interno. Quando tive a minha primeira experiência de ida ao templo interno, percebi que era isso que tinha estado procurando toda a minha vida. Essa prática suscitava em mim uma sensação de relaxamento, fazendo com que eu me sentisse mais leve e feliz. Isso me fez apreciar o lado bom da vida. À medida que eu tinha uma comunhão espiritual interna, mais eu aceitava a natureza das coisas ao meu redor.

"A descoberta dessa prática espiritual foi um passo extremamente importante para mim. Mas, com o passar do tempo, o grupo da meditação começou a direcionar suas energias para outros aspectos da espiritualidade. Começaram a pôr a atenção na levitação, uma prática psíquica, e isso não me interessava de todo. Aí conheci um grupo do Rio criado por um francês chamado Pierre, que tratava principalmente da psicologia transpessoal. Ele vivia em Belo Horizonte e coordenava grupos no Rio e em Recife também. Comecei a participar das atividades desse grupo e conheci muitas pessoas que deram cursos interessantes, inclusive alguns monges tibetanos. Certo dia, recebi um telefonema deles me convidando para uma palestra dada por uma alemã que morava em Belo Horizonte. Ela morava no mesmo condomínio que o Pierre, e através dele teve acesso para convidar todas as pessoas do grupo. A palestra era sobre um caminho chamado Liberdade Espiritual.

"Muitos anos antes, eu já havia ouvido falar desse caminho. Isso tinha acontecido quando eu ainda era aeromoça. Na época, eu tinha uma colega de trabalho chamada Monika, que também praticava meditação, e nós trocávamos sempre ideias sobre assuntos espirituais. Naquele dia, numa escala longa em Dakar, estávamos sentadas na praia, contemplando a beleza do mar, quando de repente, ela me perguntou se eu já tinha ouvido falar da Liberdade Espiritual. Eu disse que não e ela me passou algumas informações, inclusive que eles têm sempre um Mestre vivo à frente do grupo. Acontece que, naquela época, Monika compartilhava seu apartamento com outra aeromoça. Certa noite, ela decidiu ir à cozinha para tomar água. No dia seguinte, sua colega de apartamento lhe perguntou: 'Monika, você foi à cozinha para tomar um copo d'água ontem à noite?'. 'Fui! Como você sabe?', Monika perguntou de imediato. 'Eu estava lá fora do corpo', respondeu a colega com um sorriso.

"Exatamente assim Monika me contou o que acontecera com sua colega de apartamento. Desconfiada, ela me perguntou: 'Karina, não acha essa história estranha?'. Pasma com tudo isso, eu não sabia nem o que falar e acrescentei: 'Concordo! É muito estranha mesmo'. Outra informação que a Monika me deu foi que na Liberdade Espiritual, dizem que a Alma recebe um corpo para ter experiências na escola da vida. E eu gostei dessa ideia. Quando parei para pensar nisso, constatei que não era uma concepção absurda enxergar a Alma dessa forma. Quando recebi o convite da palestra, eu me lembrei rapidamente da conversa na praia em Dakar: 'Acho que foi sobre esse caminho que a Monika me falou', pensei na hora. Num primeiro instante, imaginei que essa nova experiência poderia atender as minhas expectativas, mas precisava ver com os próprios olhos. E lá fui eu à palestra.

"Em sua apresentação, a alemã, chamada Ingrid, falou muito sobre os Mestres Espirituais e a importância de sermos guiados pelos que já caminharam mais adiante na espiritualidade. Quando se vive na Terra, os desafios não se esgotam, e as lições são múltiplas. Afinal, a vida é como uma escola. Como progredir espiritualmente sem um Mestre para mostrar o caminho? Não seria mais fácil domar o medo quando se aprende com os que já o superaram? Claro que sim! A Ingrid ressaltou também que os verdadeiros Mestres apenas mostram o caminho, permitindo assim que o estudante na escola da vida progrida com seus próprios pés. Escutei com atenção a Ingrid discorrer sobre o tema, mas saí da reunião com a sensação de não ser digna daqueles ensinamentos. Sentia que eram muito elevados para mim. Chegando em casa, fui dormir, e no dia seguinte, fiz a minha meditação logo que acordei. E uma vozinha, o meu Mestre Interno, disse: "Procure aquela moça da palestra de ontem".

"Eu já tinha aprendido a escutar essa voz interior e nunca duvidava dela. Decidi ir conversar com a Ingrid. Sabendo em que hotel ela estava hospedada, liguei para ela, dizendo que eu tinha estado na palestra no dia anterior. Ela não demorou em perguntar:

'Já tomou o café da manhã?'. Eu respondi: 'Ainda não'. E ela prosseguiu: 'Por que não vem tomar o café comigo aqui no restaurante do hotel? Poderemos conversar e nos conhecer melhor'. Concordei sem tardar. Durante nossa conversa, fiquei sabendo que ela também tinha praticado meditação antes. Dessa forma, tínhamos algo em comum. Conversamos muito, e acabou sendo um bate-papo agradável, uma troca interessante de experiências. Naquele dia, eu aprendi muitas coisas novas, como a diferença entre meditação e contemplação. A contemplação é uma forma mais ativa de ir ao templo interno.

"E no final do diálogo, pensei: 'Quem sabe esse caminho é para mim. Por que não tentar?'. Ao nos despedirmos, a Ingrid disse: 'Voltarei ao Rio daqui a dois meses'. Instantaneamente, o Mestre Interno sugeriu: 'Convide-a para ficar na sua casa'. Então eu disse de imediato: 'Se você quiser, pode ficar lá em casa. Moro com minha família, e temos um quarto de hóspedes'. A Ingrid voltou ao Rio para dar outras palestras em vários meses consecutivos, e com o passar do tempo, ficamos muito amigas.

"Certa vez, depois de uma palestra, a Ingrid me disse: 'Você é tão paciente! Escuta a mesma coisa várias vezes e nunca se cansa'. Eu respondi que eu gostava de ouvir o que ela dizia. Quando fui à última palestra, uma moça que estava sentada ao meu lado falou: 'Acho que vou me inscrever nesse caminho espiritual'. Parei um instante, ouvindo o Mestre Interno, e disse: 'Boa ideia! Acho que eu também vou fazer minha inscrição'. Muitas coisas aconteceram na minha vida dessa forma. Alguém ao meu lado decidia fazer algo, e era como se o universo estivesse me sugerindo fazer a mesma coisa. Dois meses após nossa inscrição na Liberdade Espiritual, essa moça me disse: 'Sabe de uma coisa, Karina. Acho que esse caminho não tem nada a ver comigo. Isso não é para mim'. Assim ela desistiu dessa jornada espiritual.

"Ao contemplar sobre o acontecido, percebi que cada pessoa tem sua natureza e sua relação com o universo. E percebi também que existem várias religiões e caminhos espirituais que atendem as necessidades de cada pessoa de acordo com seu nível de consciência. Ainda que todos nós caminhemos pela estrada da vida, cada um tem suas bagagens, histórias e experiências. Quanto a isso, a Ingrid já dizia que a Alma é uma entidade individual. Eu me lembro de ter feito a inscrição em dezembro, e a Ingrid deixou o Brasil em abril do ano seguinte. Eu me senti abandonada, pois não tinha mais ninguém com quem falar sobre essa vida de busca espiritual, essa vontade de descobrir a resposta para a pergunta de sempre, oculta no recôndito da Alma: 'Quem sou eu?'.

"Alguns meses depois, conversando com duas amigas, elas se interessaram e se tornaram membros. Nós três éramos amigas de longa data. Fiquei superfeliz de poder compartilhar esse aspecto espiritual da vida com elas. Uma coisa engraçada aconteceu logo depois de eu ter aderido à Liberdade Espiritual. É que comecei a falar disso para todas as pessoas que eu conhecia, convidando a participarem também. Certo dia, enquanto eu falava disso para uma moça, fui surpreendida com um questionamento. A moça me perguntou: 'Karina, me fale sobre no que realmente consiste esse caminho'. Eu fiquei meio sem jeito por não saber colocar em palavras o que eu sentia ao ir ao templo interno, e respondi timidamente: 'Eu não sei, mas só sei que é bom para mim'".

Karina deu uma risada curta e continuou:

— Afinal acabou sendo uma boa resposta. Meses depois desse incidente, recebi um telefonema de um rapaz inglês, que veio ao Rio visitar o tio. Na verdade, ele era metade inglês e metade boliviano. Acontece que ele também era membro da Liberdade Espiritual. O interessante é que ele tinha planejado ficar no Rio só um mês e acabou ficando três anos. Ele foi uma ajuda maravilhosa para mim. Começamos a dar palestras juntos sobre o tema. Foi uma parceria ótima! Com o passar do tempo, eu obtive muita prática em falar desse caminho. E para terminar as palestras, eu sempre dizia: "A Liberdade Espiritual nos ensina que a Alma é individual e que Ela existe porque Deus A ama". Você vê, Paulo, como o universo conspira a favor de cada Alma? Durante trinta e dois anos, procurei a Liberdade Espiritual e passei por várias experiências, que hoje em dia eu chamo de diamantes de conexão. Eles são eventos da nossa vida que têm linhas invisíveis, conectando tudo como parte de um plano divino.

Paulo permaneceu calado uns segundos e finalmente falou: "Puxa, Karina! Que interessante! Obrigado por me contar. A sua história explica por que você é tão equilibrada e amorosa".

— Eu só tenho a agradecer ao universo por todos esses diamantes de conexão. E é por isso que eu gosto de contar para as pessoas que existe essa possibilidade de crescimento espiritual.

Karina e Paulo caminharam mais um pouco entre as árvores do Jardim Botânico. Ao olhar para aquela vegetação, Karina percebeu o pulsar da vida nas folhas que se moviam ao vento. Depois de algum tempo, eles se despediram, prometendo se encontrarem numa próxima ocasião.

A ferida é o lugar onde a luz entra em você.
Rumi

Um tesouro

Em março de 1980, no primeiro dia de aula, Paulo estava sentado aguardando um professor junto com seus novos colegas de turma. Ele era um aluno novo naquela escola. Renata estava sentada numa cadeira perto da entrada da sala. Paulo olhara para ela antes de entrar na sala. Foi naquele momento, rápido como um relâmpago, que seu interesse por Renata começou. Ela estava lendo um romance. Estava tão concentrada que não percebeu que alguém a havia notado.

A única cadeira disponível ficava do outro lado da sala. Paulo foi até lá e se sentou. Todos os alunos estavam conversando e fazendo barulho. Eles nem perceberam a presença do recém-chegado. Paulo pegou um caderno e uma caneta na mochila e, de repente, escutou: "E aí, novato, tudo bem?". Era o Hélio. Ele e Paulo iriam se tornar bons amigos depois.

— Tranquilo, e com você? — respondeu Paulo com um tom sério.

— Tudo numa boa, cara!

Hélio não disse mais nada e se juntou ao resto da turma. O professor entrou na sala, e a aula transcorreu normalmente. Ele também não percebeu que havia um novato ali, e nem sequer perguntou. Não fez nada mais do que dar a aula, sentado diante dos alunos. Ele raramente olhava para a turma, limitando-se a ler a matéria num livro. Assim passou a aula toda, apresentando a História do Brasil.

Os alunos também não prestavam atenção ao professor. Além do Paulo, Renata e sua melhor amiga, Beatriz, tentavam aprender alguma coisa com aquela leitura. Paulo, encontrando-se do outro lado da sala, percebeu como Renata levava a sério os estudos. Achou isso surpreendente, visto que o próprio professor não parecia gostar do que estava ensinando.

De repente, o sinal tocou, anunciando o recreio. Sem tardar, os alunos se precipitaram para fora da sala. O professor foi ainda mais rápido que eles. Parecia que ele era forçado a ensinar a esses jovens. Deste modo, apressou-se e saiu correndo como um foguete que persegue as estrelas. Já os alunos encaravam o recreio como uma trégua, pois assistir às aulas era como se estivessem numa guerra. Por isso, o sinal do fim de cada aula causava uma alegria imensa.

Paulo foi para o recreio caminhando atrás de seus novos colegas. Nessa idade, ele tinha um olhar filosófico quanto aos acontecimentos que o rodeavam. Mas isso era bem antes de ele adentrar na vida profissional. Quando começou a trabalhar, as preocupações financeiras ocuparam toda a sua mente, deixando-o à parte dos questionamentos sobre o sentido da vida.

Os alunos se aglomeraram na lanchonete da escola. Não sentindo muita fome, Paulo achou que podia esperar o delicioso almoço de Doce, a empregada. Seu verdadeiro nome era Maria Rosa, porém todos a chamavam de Doce porque toda sobremesa que fazia tinha gosto de mel. Todos da família do Paulo a chamavam de Doce, e ela gostava desse apelido. Foi ela quem basicamente criou o Paulo, pois Alice, a mãe, passava o dia todo em seu salão de beleza. Já Gabriel, o pai, dedicava-se a cuidar da obra divina. Estava sempre pregando a palavra de Deus, ora na igreja, ora nas moradas alheias.

No pátio da nova escola do Paulo havia um banco embaixo de uma mangueira. Ele se sentou ali e começou a observar o vaivém dos colegas. Renata estava na varanda da sala de aula, e seu cabelo esvoaçava na brisa que se movia suavemente. De longe, ela brilhava como o sol. Naquele instante, Paulo soube em seu coração que tinha acabado de encontrar uma pedra preciosa, que ele deveria cuidar e conservar para o resto da vida.

Ali sentado serenamente, pousara o olhar no da Renata e não o desviou mais. Sentiu que já a conhecia há muito tempo. Talvez fosse uma lembrança de outras vidas. Mas o que importava naquele momento foi que ele percebeu que não havia segredos entre os dois. Assim, exalou um suspiro discreto, que criou a ponte invisível do amor, a estrada que unia seu universo ao da Renata. Em seguida, o amor conquistou o pátio da escola, tocando sua melodia no coração dos dois. O amor estava em todo lugar, e, no entanto, só Paulo e Renata perceberam isso. Com os olhares repletos de ternura, eles se fitavam sorrateiramente, e assim, o elo entre os dois se fazia sem que nenhuma palavra fosse dita. Depois de um breve momento, Renata ficou com vergonha e saiu da varanda. Com o coração batendo apressado, quase saindo do peito, Paulo voltou os olhos para o céu claro e agradeceu por conhecer sua Alma gêmea, o amor da sua vida. Pelo menos, foi isso que ele pensou naquele momento, ignorando que o futuro sempre tem uma carta guardada na manga.

O sinal bateu novamente, e os alunos se apressaram para retornar às aulas. Paulo não se precipitava, pois acreditava saber o que era necessário para que pudesse viver bem. Em seu pensamento, só precisava do amor da Renata. Sabia o que havia de ser feito para satisfazer essa paixão repentina.

Enquanto caminhava do pátio para a sala, lembrou-se de um poeta que declamava: "O amor, um tesouro misterioso, invisível, sempre ao nosso lado, querendo nos amar agora e para sempre. Para quem o procura no caminho da vida, é só olhar e ouvir com o coração". E, sim, Paulo havia aberto os olhos do coração, e assim contemplou a linda Renata, que cintilava que nem um diamante.

Finalmente, chegou à sala de aula. Acabara de se sentar quando Hélio apareceu. O colega começou a falar de maneira bem direta.

— Eu sei que você gostou da Renata. Só quero te lembrar que ela é muito católica. Eu a vejo na missa aos domingos. Ela nunca fala com os rapazes e nunca namora ninguém. A mãe fica no pé dela como o cão que não larga o osso. E ela só quer estudar e ser a melhor aluna da turma.

Hélio não percebeu que tudo que acabara de dizer só fazia com que Paulo gostasse mais ainda da Renata. Paulo gostava das moças finas, calmas e educadas. Renata era desse jeito, e além disso, nunca parava de sorrir. Paulo apenas perguntou ao colega:

— Ela é a melhor aluna da turma?

— É, sim. Sempre foi ela, desde que éramos crianças. Fizemos o ensino fundamental juntos. Ela não faz mais nada além de estudar. Eu só queria te avisar para você não perder seu tempo com ela.

Após ouvir o colega, Paulo sorriu com satisfação. O professor de Matemática entrou na sala, e Hélio teve de retornar à sua carteira.

Paulo sentia que a Renata se parecia com sua mãe Alice, uma mulher forte e independente. Apesar da boa condição financeira do marido, ela corria atrás de seus sonhos. Só tinha uma coisa que ela almejara e não conseguira. Desejava estudar para trabalhar na área da saúde. Entretanto, isso não aconteceu porque teve de operar os olhos um pouco antes da data do vestibular. Esse acontecimento inusitado a afastou do seu sonho. Contudo, ela não desanimou. Fez um curso profissionalizante de cabeleireira e se tornou a pessoa mais qualificada do bairro. Cabelo de homem ou mulher, liso ou crespo, ela tinha o segredo para o melhor corte. Além de ser cabeleireira, tinha também um lado empreendedor. Logo após abrir o salão, percebeu que as mulheres gostavam de cuidar do corpo também. Onde morava, as pessoas valorizavam muito o aspecto físico, e Alice viu nisso uma oportunidade de fazer um nome. Sua ambição, apesar de oportunista, não era desmedida. Só queria ajudar as mulheres a serem elas mesmas, lindas, emancipadas e autoconfiantes. Assim, alugou a loja ao lado do salão e começou a vender roupas, botas e sapatos de todos os tipos, relógios, óculos escuros e bijuterias. A criatividade da Alice foi ainda mais longe quando se lançou na venda de celulares e acessórios telefônicos. Com certeza, o salão e a loja eram conhecidos e amados por todos no bairro.

Enquanto o professor de Matemática falava sobre equações, Paulo listava no pensamento as façanhas da mãe empreendedora e tentava encontrar semelhanças entre ela e a Renata. Pelo fato de Renata ser a melhor da turma, Paulo via nela o reflexo da sua mãe.

Por consequência, nutria mais ainda em seu coração o interesse nela que havia nascido há pouco tempo. Quando o professor pediu que os alunos formassem pequenos grupos, Paulo formou um grupinho com a Renata e a Beatriz. Foi dessa forma que Renata e Paulo se tornaram amigos. Anos depois, começaram a namorar e acabaram se casando.

Rainha do lar

O Paulo queria ter um relacionamento com a Renata. No entanto, como a mãe dela a proibia de namorar naquela idade, ele acabou se interessando pela Charlotte, uma prima da Renata que morava na França e que tinha vindo passar as férias no Rio.

Era o aniversário da Renata. Paulo e Beatriz foram os únicos convidados da turma. Além deles, só havia alguns primos da Renata. Entre eles estava a Charlotte, a namorada do Paulo. Os convidados subiram para o terraço onde havia um espaço com os comes e bebes da festa. A mãe da Renata, vendo o Paulo no meio dos convidados, disse: "Aqui vem o rei". Sim, Paulo se sentia como um rei, mas no fundo do coração, ainda lhe faltava sua rainha. Apesar de ele gostar do lado francês da Charlotte, seu coração pertencia à Renata. Ele e a Renata tinham um sentimento bem forte um pelo outro. No entanto, não podiam demonstrar isso. Diante de todos, eram apenas amigos porque os pais não queriam que ela namorasse tão cedo.

Inúmeras vezes, o Paulo já havia dito à Renata que gostava dela. E ela sempre respondia: "Eu gosto de você também". Apesar de todo esse interesse entre os dois, Paulo não queria esperar para ter sua primeira namorada. Também, não aguentava mais desejar uma pessoa que não se podia amar livremente. Assim, quando Charlotte quis namorá-lo, ele não hesitou em se relacionar com ela. Num determinado momento, ele até pensou que poderia se esquecer da Renata com esse namoro.

Coitado do Paulo! Como todo apaixonado, ele precisava de mais tempo para um dia perceber que o amor tem sua própria lógica. Um ser amoroso certa vez disse: "O amor é um sentimento que aparece quando não se planeja, uma sensação que se sente quando não se entende". Outros simplesmente dizem que o amor é Deus. De qualquer maneira, os moços de tenra idade não pensam muito no sentido do amor. Eles amam, eles se apaixonam, e às vezes confundem amizade com amor. Paulo também era assim naquela época.

Renata não se incomodava no que dizia respeito ao namoro do Paulo com a prima. Afinal, ela e o Paulo eram apenas amigos. Certa vez, ele lhe perguntou:

— Não te incomoda meu relacionamento com a Charlotte?

— Não! Por que isso me incomodaria? Eu estou feliz por vocês.

Paulo não somente se surpreendeu, mas também se sentiu ofendido com a resposta da Renata. Ele acabou pensando que ela não gostava mais dele. Caso ela gostasse, teria se sentido incomodada com a situação. Mas na realidade, Renata era inteligente. Além de ser meditativa, pressentia as coisas antes de elas acontecerem. Por ser uma pessoa muito observadora, acabou desenvolvendo a intuição, uma habilidade rara. No seu interior, ela gostava do Paulo, e isso lhe bastava. Por isso, não se importava com mais nada. E por que ficar afetada com o namoro deles? A Charlotte não costumava namorar por muito tempo. Quando estava na França, namorava um francês. Quando vinha passar as férias no Rio, namorava um carioca. Seus namoros eram como aventuras de adolescentes. Um dia, gostava de ir ao cinema com alguém, e no outro dia, não gostava mais. Namorava tantos meninos que a Renata até perdeu a conta.

Paulo era apenas um desses namoradinhos de verão, que aprendiam algumas palavras de francês com a bela e refinada Charlotte. Ela era toda francesa, toda chique. O Paulo aprendeu a fazer o biquinho quando pronunciava "tu" e "plus". Agora sabia falar: "Je t'aime, cherie de mon coeur". Era a primeira coisa que ele dizia para a Charlotte quando os dois se encontravam. Toda feliz e sorridente, ela respondia para ele: "Oh! Mon lapin doré, je t'aime bien aussi". Renata olhava para os dois e não dizia nada. Às vezes, ficava rindo do Paulo. Como ela era fluente em francês, sabia o que ele ignorava. Sabia que "Je t'aime bien" quer dizer "gostar" como amigo e não "amar" como namorado. Então, durante dois meses de namoro, a Charlotte via o Paulo apenas como um amigo com quem beijar era divertido.

Ainda que a Renata soubesse disso, mantinha-se calada, e não dizia nada a seu amigo. Na verdade, nunca falava, nem as coisas que pensava nem as que desejava. Aprendera a guardar tudo em seu coração como sua mãe lhe havia ensinado. Para melhor ensinar, não precisa falar ou gritar, é preciso agir. Assim, Renata via a mãe se calar sempre que o pai falava com uma voz intimidadora. Foi nesse contexto familiar, onde a voz da mulher era abafada, que a Renata aprendera a ser uma mulher na sociedade.

Num entardecer, debaixo de um sol não muito quente, enquanto a Renata e o Paulo voltavam da escola, ele lhe contou que a Charlotte tinha terminado o relacionamento deles alguns dias antes de retornar para a França.

— É mesmo? — Renata fez de conta que não sabia.

— É, sim. Mas sabe o interessante de tudo isso?

— Não!

— Fiquei bravo e disse que eu sempre gostei mais de você do que dela.

— E o que foi que ela disse?

— Apenas sorriu e respondeu: "OK". Acho que ela nunca sentiu nada por mim esse tempo todo. Ela só estava brincando comigo.

— Mas por que você está reclamando? Você também não a amava de verdade. Não é assim?

— No início, sim. Porém, com o tempo, eu comecei a gostar dela.

— Entendo! — Renata deu uma breve pausa. — E ela ficou bem?

— Ficou. Na verdade, ela só estava pensando na volta para a França.

— Ela é assim mesmo.

— E você não se incomodava de me ver com ela? Eu já te perguntei isso várias vezes, mas agora, me fale a verdade — Paulo disse com um olhar sério.

— Você sabe muito bem que eu só posso namorar depois de entrar na faculdade. Paulo, escuta aqui! Eu gosto de você, mas temos que continuar sendo só amigos por enquanto. Depois veremos o que fazer — Renata disse animada. — Só falta um ano.

— É verdade! Falta pouco mesmo — Paulo disse, sereno.

Paulo sempre acreditou no Cupido, mensageiro do amor. Também acreditava na teoria da Alma gêmea e tinha convicção de que a Renata fosse sua eleita. Por outro lado, associava as caraterísticas da Renata à criatividade da mãe. Ele não percebia que o que lhe agradava na Renata era, na realidade, o que ela tinha em comum com sua mãe Alice.

Anos se passaram. Paulo e Renata se tornaram namorados, e algum tempo depois se casaram. Após o casamento, surgiram algumas circunstâncias da vida que levaram a Renata a desistir dos estudos. Dessa forma, conformou-se com o papel de rainha do lar, coordenando assim o trabalho das empregadas. Por ser de uma família tradicional, não conseguiu ver outra possibilidade para a sua vida. Ela nunca esqueceu que, logo após a cerimônia do casamento, sua mãe lhe disse:

— Aprenda a cuidar do seu marido da melhor forma possível. A partir de hoje, ele é seu mundo. Seja uma boa dona de casa. Assim, o Paulo ficará sempre apaixonado por você.

— Entendo, mãe — Renata respondeu, feliz de estar casada com um amigo de longa data.

Dizem que é sempre bom se casar com uma pessoa que conhecemos de verdade. E a Renata pensou: "Por que não um amigo de longa data?". Mas será que é possível conhecer uma pessoa inteiramente? E nesse caso, será que é possível prever as coisas quando se vive em um mundo onde nada é permanente?

Renata se comportou exatamente como a mãe lhe havia aconselhado. Tornou-se uma pessoa totalmente dedicada à família. No entanto, não teve o resultado que esperava. Embora fizesse tudo para que o casamento desse certo, Paulo já não a amava mais. Do nada, os dois começaram a ver o casamento se desmoronar. Contra isso, não conseguiram fazer nada. Sem mesmo perceberem, o amor que os unia se dissipou, e com ele o casamento desabou. Agora tudo que restou das promessas feitas no dia em que se uniram não passavam de ruínas. Enquanto isso, os dois nunca desistiram de si mesmos. Tentaram, de todas as formas, enfeitar um relacionamento que já estava morto por dentro. Contudo seus esforços não tiveram êxito. Queriam fazer isso principalmente por causa dos filhos, mas não conseguiram.

Um navio sem passageiros

A Renata não tinha como ser diferente da mãe, que vivia só para agradar o marido. Ela cresceu naquele tipo de família na qual as mulheres são autorizadas a serem elas mesmas somente em seus pensamentos. Pensava muitas coisas em seus devaneios, mas não tinha coragem de dizer aos outros o que realmente sentia. Talvez essa atitude dela tenha sido causada pelo comportamento do pai, que geralmente falava com os membros da família com uma voz autoritária. Se fosse por ela mesma e não pelo que os outros pensavam, a Renata teria feito a Faculdade de Engenharia. Uma vez comentou isso com o pai, e ele perguntou:

— Você vai ser engenheira de quê?

— Não sei ainda.

— Quantas mulheres você conhece que fazem esse tipo de trabalho?

— Existem muitas.

O pai era um advogado bem-sucedido e inclusive já havia colocado o filho mais velho como sócio do escritório familiar. Ele então prosseguiu:

— Já que temos muitos advogados na família, por que não pensar na advocacia?

Renata nem sequer pensou nisso. Quando era criança, o pai sempre dizia: "Advocacia é para quem tem coragem". E quando falava de coragem, não incluía as mulheres. "Elas são muito delicadas para isso", ele acrescentava. Dessa forma, o pai da Renata achava que o domínio dos textos legais e a voz intimidadora faziam dele um homem corajoso. Embora ele fosse austero, Renata não desejava um pai melhor do que ele. No fundo, era um homem gentil e sempre proporcionou à família uma vida decente. De qualquer maneira, Renata amava os pais e os irmãos. A verdade é que ela era muito inteligente e podia fazer qualquer faculdade. Não era nem para ela entrar na Faculdade de Letras. Contudo, acabou fazendo isso, seguindo os passos da mãe. Mas no seu âmago, sabia que tinha a capacidade de fazer todo tipo de curso. Até podia ser uma funcionária da NASA se quisesse. Enfim, tudo isso já era passado, e agora ela era apenas uma rainha do lar.

Infelizmente, Paulo queria que sua esposa fosse mais do que isso. Queria que a Renata tivesse um trabalho consistente como sua mãe tivera. Havia se apaixonado por uma Renata diferente, uma Renata forte e inteligente. Agora ela não vivenciava o que realmente era. Havia se tornado uma mulher desinteressante. Quando não estava cuidando dos afazeres da casa, sentava-se no sofá, assistindo aos múltiplos programas da televisão. Sempre que o Paulo chegava em casa à noite, não gostava de ver a esposa desse jeito. Com o passar do tempo, ele foi se distanciando da nova versão da Renata. Ela que não era mais a melhor nas coisas que fazia. Quanto mais o Paulo guardava esse sentimento de decepção dentro de si mesmo, mais o seu amor por ela diminuía. Além disso, nutria um certo ressentimento em seu coração, como se ela o tivesse enganado. Deve ser porque ele ignorava que as pessoas acabam mudando com o tempo.

Chegou um momento no casamento em que ele já não queria mais sair e nem conversar com a esposa. Quando voltava do trabalho, jantava e dormia. Além de evitá-la, irritava-se com qualquer coisa que ela dizia ou fazia, mesmo quando ela tentava ser engraçada. Ele realmente mudou seu comportamento para com ela. Quando chegou ao ponto em que a Renata não conseguia mais aturar a situação, começaram a se tratar como estranhos, morando no mesmo apartamento. Assim, os anos se passaram, e a paixão entre os dois se dissipou.

Algumas pessoas pensam que o amor é uma coisa que já vem pronta, como um truque de mágica. Nesses casos, geralmente a tendência é essa paixão terminar de uma hora para outra, da mesma forma repentina que começou. Já outras pessoas percebem o amor como algo que se constrói com o tempo, uma plantinha que precisa ser regada constantemente. Durante vinte e oito anos de casamento, o amor do Paulo e da Renata só foi diminuindo até não existir mais.

Renata ainda estava no início do curso na Faculdade de Letras quando ficou grávida da Ana Paula. Precisou parar a faculdade no meio do ano porque teve uma gestação difícil. Quando Ana Paula nasceu, ela não voltou mais para a faculdade. Optou por ficar em casa para ser uma boa mãe, e assim, foi mãe por muitos anos, mesmo quando Ana Paula e seu irmão mais novo Rafael já haviam se tornado adultos. Sua única obrigação era supervisionar as empregadas. Ao longo dos anos, Renata foi se conformando com esse papel, e agora não conseguia mais sair dessa situação. Anos depois de se casar, percebeu que o casamento não faz com que uma mulher se torne uma pessoa realizada. Às vezes, sentava-se na areia diante do mar, na Praia de Ipanema, e ficava refletindo sobre tudo isso. Em seus pensamentos, culpava a mãe que a fizera acreditar que toda mulher tinha de se casar para ter um lugar na sociedade.

Em casa, o clima estava cada vez mais pesado. Paulo enxergava a esposa como um fracasso. Entretanto, ele nunca expressava palavras de desencanto. Por muitos anos, fingiu estar feliz com o casamento e disfarçou o descontentamento até não poder mais. Finalmente, aceitou internamente que não era feliz e começou a reclamar da esposa em seus pensamentos. Por outro lado, a Renata também gostaria de estar em algum lugar sofisticado, participando de um projeto importante. Em vez disso, estava ali, naquele apartamento de luxo em Ipanema, cuidando da casa, sem nenhuma perspectiva de satisfazer a si mesma. Com o passar dos anos, viu sua personalidade se desvanecer aos poucos e acabou se tornando a sombra do marido. Não podendo mais aturar essa sensação de autodecepção, entregou-se à tristeza de um matrimônio frustrado. Pouco a pouco, o casamento foi se afundando como um navio sem passageiros, perdido no meio do oceano.

A teoria de Almas gêmeas, na qual os dois haviam projetado seu futuro feliz, desvaneceu-se. E tudo que era belo e apaixonante entre os dois se dissipou como as nuvens após a chuva. Além de não serem

Almas gêmeas, não eram mais amigos. Por sorte, não eram inimigos também. No leito do casal, quando a noite pairava no céu, via-se um grande espaço entre seus corpos. Nos corredores da casa, quando a luz do dia iluminava as coisas, não conseguiam ver um ao outro. Embora vivessem juntos, um abismo os separava.

Mesmo não suportando essa vida monótona, Renata não tinha coragem de conversar com o Paulo sobre isso. Desse modo, os dois permaneceram casados e infelizes por anos, lidando em silêncio com suas respectivas frustrações. Depois que o Paulo foi demitido, ele passou alguns dias em casa, e foi assim que as coisas pioraram. O ressentimento virou palavras que magoavam. Sem que os dois percebessem, as disputas tomaram o lugar das conversas.

Certo dia, enquanto os dois brigavam, a Renata disse ao Paulo:

— Você roubou vinte e oito anos da minha vida. Eu podia estar fazendo algum trabalho digno. Ao invés disso, fiquei neste apartamento, separada dos meus sonhos.

Na hora, Paulo ficou espantado. Na verdade, ele não havia pedido que a Renata ficasse em casa. Se ela se conformou com seu papel de dona de casa, é porque acreditava que a sua vida tinha de ser assim. Paulo, no entanto, sempre desejou que a esposa fosse uma mulher autônoma e realizada. Ele, então, ponderou:

— Eu nunca te pedi para ficar em casa. Também achei que você não fez o certo ao seguir os conselhos da sua mãe e fazer a Faculdade de Letras.

— É mesmo? Então por que você não falou?

— Pensei que você queria seguir os passos da sua mãe.

— Você podia ter falado o que pensava. Você nunca fala o que pensa. Não aguento mais isso.

— Não adiantaria nada eu falar. Você não ia entender.

— Você sabe bem que eu não podia mais ir às aulas com aquela gravidez difícil. Você, por outro lado, continuou sua Faculdade de Economia como se tudo fosse normal.

Com vinte e oito anos de casados, foi só naquele dia que eles compartilharam as frustrações com sinceridade. Infelizmente, essa honestidade, que se delongara por muito tempo para ser exposta, veio com as mágoas que foram se somando ano após ano. Às vezes, era uma falta de gentileza, outras vezes, uma palavra mal colocada ou um silêncio pesado, mas ensurdecedor. De qualquer maneira, Renata já não aguentava mais as feridas do passado. Esse tempo todo, conservara a tristeza no seu âmago. Agora, não queria mais calar sua decepção para honrar as promessas do matrimônio e acabou explodindo em prantos. Com o rosto molhado pela dor do coração, afastou-se do Paulo, escondendo o semblante com as mãos.

Paulo disse com voz trêmula:

— Você nunca me disse que queria continuar os estudos.

— É porque você nunca perguntou. E como eu podia ter feito isso? Você voltava da faculdade todo feliz por eu estar grávida. Dessa forma, eu preferi guardar isso para mim mesma.

Paulo ficou com pena e não soube mais o que fazer. Apenas disse:

— E agora, o que vamos fazer?

Renata o fitou e respondeu:

— O que era para ser feito já há muito tempo.

Quando se abre mão da sua própria liberdade para manter um casamento, a união acaba se tornando uma espécie de cárcere emocional. Assim Renata se sentira presa por muitos anos. Vira-se privada de seus sonhos e aspirações desde quando ficou grávida pela primeira vez.

Paulo se aproximou dela e disse:

— Então vamos nos separar. Vou procurar um lugar para morar, e você pode ficar com o apartamento. E saiba que eu sempre quis seu bem.

Sem proferir nenhuma palavra, Renata aquiesceu. Sabia que Paulo era um homem ponderado, e que a decisão repentina de se separar era a coisa certa a ser feita naquela etapa de suas vidas. O que havia de dar certo entre os dois já tinha dado. Agora eles precisavam seguir em frente com seus respectivos futuros. Eles se abraçaram e se despediram. Foi um abraço fraterno, pois, afinal de contas, eram amigos desde antes de serem casados. Logo depois, Paulo deixou o apartamento.

Dia das Mães

Karina e Paulo se encontravam sentados na orla da praia, no mesmo banco de sempre. Diante deles, estendia-se o mar sem limites. O vento agitava a superfície, e seu movimento lembrava a impermanência da vida quando suas ondas se levantavam com furor e se deitavam com ternura. Ao se espelharem no azul infinito do oceano, os raios do sol deixavam a paisagem dourada.

Paulo iniciou a conversa:

— Estou preocupado com o futuro dos meus filhos. Mas a verdade é que não sei o que dizer para eles neste momento em que minha vida pessoal não está bem definida. Eu costumava dizer que eles tinham que seguir meus passos para terem sucesso na vida.

— Você não precisa estar bem na vida para aconselhar os filhos.

— Concordo, mas acho difícil eu me colocar diante deles para mostrar os rumos a tomarem.

— Por que você acha isso?

— Porque não somos muito próximos. Quando me separei da Renata, eles ficaram do lado dela. Isso é normal porque nunca fui muito presente na vida deles. É engraçado como reproduzimos o que criticamos nos outros. Meus pais nunca apoiaram meus sonhos de infância. E hoje eu me vejo agindo da mesma maneira com meus filhos, principalmente com o Rafael.

— Procure conversar com eles, não como pai, mas como amigo. Escute sem fazer julgamentos. Diga a eles que nem sempre você tem razão, e que eles sempre podem contar com você. Diga que você os ama, não importa o que eles fizerem ou deixarem de fazer. Mostre a eles que o que realmente importa é saber que eles estão felizes.

— Fico agradecido com essas dicas.

— Eu é que agradeço de poder ajudar.

Paulo ficou pensando e finalmente disse:

— Será que existe um jeito de lidar com o medo que os pais têm em relação aos filhos?

— Não tive a experiência de ser mãe nesta vida, mas acho que o medo dos pais para com os filhos não deve ser diferente de outros medos. Geralmente, quando eu sinto medo, eu me tranquilizo escutando a voz do Mestre Interno. Ele me faz perceber uma solução.

— Como uma ideia criativa ao nos encontrarmos diante de uma ameaça?

— Exatamente!

— Você pode me dar um exemplo de uma experiência assim?

— Posso! — disse Karina, toda animada, e começou a contar uma de suas histórias. Paulo escutou atento. — Um dia, depois de almoçar com a minha mãe no Dia das Mães, fomos dar uma volta de carro. O problema foi que esqueci de subir as janelas do carro quando paramos num sinal. É importante fazer isso porque tem muitos assaltos nos sinais. De repente, um menino de rua apareceu e falou: "Tia, passa a carteira, senão eu explodo o carro". Minha mãe ficou assustada e começou a gritar, pedindo socorro. Mas ninguém moveu um dedo. E aí eu tive uma ideia criativa e falei para o menino: "Hoje, não. Hoje é Dia das Mães". Ele sorriu e respondeu: "Ah! É mesmo, tia. Tchau!". A minha mãe, sem perceber que o menino já tinha ido embora, continuava pedindo socorro. Tive que lhe dizer que a situação já tinha sido resolvida. Foi assim que escapamos de um assalto naquele dia.

— Inacreditável!

— Inacreditável e engraçado!

Eles deram uma grande gargalhada, e depois, Paulo prosseguiu:

— Engraçado agora, mas imagino que não foi assim na hora.

— Não foi mesmo, principalmente para a minha mãe.

— Percebo como é importante aprendermos a ter calma em qualquer situação da vida.

— Precisamos estar sempre ligados ao nosso interior e perceber que há sempre uma saída.

— Verdade!

Karina precisava ir. Os dois se despediram, e Paulo voltou para casa. Enquanto caminhava, sentia o coração se alegrar com a sua nova amizade. Estava constantemente sorrindo, feliz. E, no seu coração, agradecia cada passo que dava no caminho de volta para casa. De volta a Deus.

Faça tudo o que você tem que fazer, mas não com ganância, não com ego, não com luxúria, não com inveja, mas com amor, compaixão, humildade e devoção.

Shree Krishna

O poema do universo

Paulo desobedeceu a seus pais para ser economista. Rafael, seu filho, agiu contra sua vontade para ser poeta. Paulo não queria aceitar essa realidade, mas no fundo, sabia que a Alma do filho sempre tinha sido a de um poeta. Há alguns anos, quando Rafael era adolescente, Paulo o levava para passear pelas ruas do Rio. Durante esses passeios, quando os dois se deparavam com construções colossais de rodovias ou prédios, dizia ao filho: "Está vendo essa edificação? Foi feita por arquitetos e engenheiros. Sabe, meu filho, poucos são os artistas que conseguem sobreviver bem". Rafael apenas olhava para as obras e aquiescia, sem perceber por que o pai falava aquilo.

Paulo tentava influenciar o filho a seguir uma carreira de sucesso garantido. Queria que o filho fosse engenheiro, e pagou um curso em uma das melhores faculdades de engenharia dos Estados Unidos. Muito dinheiro foi desperdiçado para que Paulo realizasse seu sonho. Contudo, a realidade foi outra. Rafael chegou a estudar engenharia de telecomunicações em Boston, sendo inclusive um dos melhores alunos da turma. Tudo correu bem quando, de repente, desistiu no último ano da faculdade e voltou para o Rio. Queria seguir a carreira de escritor e poeta. Paulo ficou arrasado com a decisão do filho. Não hesitava em dizer que ele havia agido de maneira insensata. Certa vez, tiveram uma conversa bem séria, e o Rafael saiu de casa naquele dia.

— Você acha mesmo que pode viver da sua arte numa sociedade como a nossa?

Rafael, que vivia a arte em tudo que fazia, não conseguia falar nada sem um pouco de poesia. Ele, então, respondeu ao pai:

— Pai, embora muitos não tenham olhos para enxergar a beleza do universo nem ouvidos para escutar sua bela canção, seu poema continua tocando. Vejo as coisas dessa forma.

— Eu me pergunto como você sobreviveria sem meu apoio. Não estarei aqui cuidando de você para sempre. Agora que você já é uma pessoa adulta, ou você se conforma com minha vontade ou vai fazer sua vida fora daqui.

Depois disso, Paulo foi para o trabalho e quando voltou, não encontrou o filho mais em casa. Como a filha Ana Paula já havia saído de casa quando se casara, Paulo e Renata ficaram morando sozinhos naquele apartamento enorme.

Renata apoiou Rafael, e ele saiu de casa em busca de seus sonhos. Na época, namorava uma moça com quem se casaria mais tarde. Ela se chamava Bianca. Antes de conhecer o Rafael, ela procurara em vão um rapaz que enxergasse a vida como um poema. Ela e o Rafael se conheceram num barzinho, perto da Praça N. S. da Paz. Ali conversaram a noite toda. E no dia seguinte, continuaram conversando. Passaram-se os meses, e no fim do ano, descobriram que a árvore do amor havia crescido sem que eles percebessem. Entre os dois, nada foi depressa, foi tudo simples, tudo natural. No começo do ano seguinte, estavam os dois unidos no espírito e no coração.

Rafael enxergava a vida no universo como um grande poema, e Bianca o amava por ele ser assim. Ela sentia que poucos homens podiam ser comparados a ele, que vivia plenamente o momento presente com grandes expectativas em relação ao futuro. Bianca era uma moça independente e financeiramente realizada. Além disso, era uma pessoa muito inteligente, pois com apenas vinte e dois anos passou num concurso público e se tornou perita em crimes ambientais. Quando o Rafael saiu de casa, ela não hesitou em convidá-lo para morarem juntos.

Apesar de ter os pés no chão, Bianca também era uma poetisa nata. Porém, precisava de mais experiências para manifestar a poesia dentro de si. Por isso, adorava se sentar ao lado do Rafael na varanda, nas noites estreladas, para escutá-lo declamar alguns versos. Versos que brotavam do coração, versos que fluíam dele com amor e paixão e que faziam parte do poema geral do universo.

Ela o olhava com suavidade e cada vez mais se apaixonava por ele. Ela se perdia nos seus versos, e o Rafael em seu olhar. Os dois se amavam sinceramente e, graças ao poema do universo, vivificavam o fogo da paixão que os unia. Isso acontecia com frequência naquela varanda do apartamento da Bianca. Rafael conhecia muitos versos de cor e gesticulava como um rei em seu palácio. Ele e suas declamações sublimes formavam uma unidade sem igual.

Sempre foi assim entre os dois até a Bianca engravidar. E depois de o bebê nascer, nada mudou. O próprio Rafael já dizia numa daquelas noites na varanda: "O amor é o córrego que permeia tudo na vida". Rafael vivia num sonho, e Bianca, ainda que fosse mais ligada à realidade, sonhava com ele. No seu âmago, ela acreditava que um dia o mundo se lembraria do seu poeta predileto.

Voltando à época em que o Rafael morava em Boston, bem antes de um dia pensar no poema do universo, era um aluno muito dedicado aos estudos. Gostava muito de seu curso de engenharia, tirando sempre notas altas. Não bebia e nem fumava. Todavia saía com os amigos nos fins de semanas, pois gostava da companhia deles. Na sua área de estudo, havia muito cálculo, e ele sempre foi apaixonado pela matemática. Além disso, também gostava de música. Certo dia, Marc, um de seus amigos americanos, convidou-o para se matricular numas aulas de piano.

— Rafa, estou querendo aprender a tocar piano. Você se anima a ir junto?

Rafael ficou interessado, pois, certa vez, havia escutado alguém dizendo que a música é a matemática das ondas. Ele então se matriculou por pura curiosidade. Até aquele momento, a ideia de viver da arte nunca tinha lhe passado pela cabeça.

No primeiro dia de aula, Abdul, um professor indiano, tocou a "Sonata ao Luar" de Beethoven e falou de muitas coisas, menos de piano. Num determinado momento, disse que um bom músico tinha de conhecer o poema do universo, e que a música e a poesia se expressam com a mesma linguagem. Ressaltou ainda que os versos desse poema universal eram infinitos. Por fim, acrescentou que parte desses versos se encontravam em alguns livros como os que contam as histórias das civilizações antigas. Ao escutar o professor, Rafael ficou maravilhado. Tomado por um entusiasmo estranho, foi até ele no fim da aula e disse:

— O senhor disse que há livros de civilizações antigas que contêm alguns versos do poema do universo. Poderia me recomendar um desses livros?

— Posso, sim — disse o professor com o rosto iluminado.

Abdul tirou um livro da mochila. Depois, entregou-o ao Rafael e disse: "É um presente. Espero que goste!". Rafael ficou tão feliz que nem percebeu que o livro era antigo. Assim, recebeu o presente com o coração aberto. Os dois sorriram, e foi bem naquele momento que o destino do Rafael mudou completamente de rumo. Embora não soubesse, já não era mais o mesmo. Entretanto, ele ainda precisava de alguns meses para se descobrir.

Naquele mesmo dia, começou a ler o livro que lhe fora presenteado. O título era *Ramayana*, um poema épico hindu recontado por William Buck. Ramayana, que significa "O Caminho de Rama", narra uma história antiga de mais de dois mil anos, na qual o príncipe Rama, um herói, vence o mal, utilizando-se do Amor.

Embora gostasse muito das façanhas do iluminado Rama, Rafael não tinha uma boa disciplina de leitura. Geralmente, lia um dia sim, um dia não. Às vezes, ficava mais de três semanas sem ler sequer uma página. Assim se passaram meses até o dia em que uma citação do livro despertou seu interesse.

No capítulo "O guerreiro invisível", o primeiro parágrafo dizia:

"Não lamente o modo com que o céu gira lá em cima,
Pois o céu durará o tempo suficiente sem ti.
Eu sou tudo isso,
Toda esta Vida;
Eu sou tudo isso."

Rafael parou um instante e se perguntou: "Quem está por trás de tudo isso? Quem é toda esta Vida? Quem criou o céu e o tempo? E quanto a mim, por que eu existo?". Assim, começou com os grandes questionamentos da vida. Fechou os olhos e percebeu que não era mais o mesmo. Sentia-se como um homem à parte do mundo, uma folha que se desprendeu da árvore da humanidade, ou ainda um galho que não balançava mais ao bel-prazer do vento. Quando abriu os olhos, viu que não havia ninguém por perto para responder esses questionamentos. Assim, decidiu seguir o próprio caminho, sempre à procura dos melhores versos do poema do universo. Versos do espírito que talvez lhe dessem respostas.

Dois meses após aquela experiência, abandonou o curso de engenharia e voltou para o Rio. Enquanto Renata apoiava a decisão do filho, Paulo sofria muito com essa situação. Ele ficou arrasado, e o clima em casa foi piorando dia após dia. Finalmente, Rafael se sentiu mal com o estado do pai e acabou se matriculando na Faculdade de Direito. Formou-se depois de alguns anos, mas não quis fazer a prova da OAB, a Organização de Advogados do Brasil. Mais uma vez, Paulo sofreu com isso. Fazia de tudo para mostrar ao filho que viver da arte não era uma boa opção. Suas sugestões não adiantaram nada, pois o filho decidiu ser poeta, e nada conseguiu detê-lo. Na realidade, Rafael não tinha feito nada de errado a não ser responder ao apelo da Alma. Agora morava com a Bianca, sua esposa e admiradora. Eles tinham uma filha, e com ela viviam o momento presente, sonhando com dias melhores no futuro.

Sonhar

Ultimamente, Rafael tinha a sensação de estar recebendo muito amor e apoio do universo, e, assim, tinha fé no que fazia. Sabia que chegaria o dia em que as coisas que escrevia ficariam gravadas no coração de muita gente, que talvez ele nunca iria conhecer.

Hoje recebeu uma mensagem da Ana Paula, sua irmã. Entre os membros da família, ela era a única pessoa que se comportava de uma forma estranha. Sumia e aparecia de repente, quando as pessoas mais precisavam dela. Ela havia desenvolvido esse hábito para se proteger principalmente dos pais. Acontece que a Renata e o Paulo achavam que os assuntos familiares da Ana Paula eram deles também. Como todos os pais, importavam-se com o bem-estar dos filhos. O único problema com essa forma de demonstrar amor é que, às vezes, confundiam as coisas, invadindo o espaço deles. Quando Ana Paula percebeu isso, fechou-se e não falou mais de seus problemas. A partir de então, ninguém mais na família sabia o que acontecia com ela e o marido. Quando se reunia com a família, ela sorria e nunca falava de si mesma. No início, Renata e Paulo estranhavam esse comportamento, dizendo-se preocupados com ela. Com o passar dos anos, Ana Paula continuou sorrindo nas reuniões familiares, convencendo os pais da sua felicidade. Finalmente, eles se conformaram com a discrição da filha e aprenderam a respeitá-la, não invadindo seu espaço.

Naquele momento da vida do Rafael, ele realmente precisava ouvir alguma coisa da irmã. E naturalmente, Ana Paula, que sempre aparecia quando era preciso, mandou-lhe uma mensagem.

No WhatsApp, a irmã dizia:

[Bom dia, irmão amado. Espero que esteja tudo bem por aí. Olha, você não deve parar de escrever os versos do poema universal. Não deve parar de sonhar, pois o mundo pertence aos que vivem sonhando. Eu te amo.]

Rafael acabara de acordar. Quando viu a mensagem da irmã, ficou perplexo e feliz ao mesmo tempo, uma sensação difícil de explicar. Em seguida, ligou para a irmã, e conversaram por mais de uma hora. No fim da chamada, ele lhe perguntou:

— O que fez com que você me mandasse essa mensagem de motivação hoje?

— Tive um sonho, e nele havia muitas pessoas que estavam comprando um livro chamado *O Poema do Universo*. Quando acordei, refleti sobre isso e acabei percebendo que só podia ser você o autor daquele livro.

Naquele instante, muitos pensamentos passaram pela cabeça do Rafael. No entanto, ele não sabia qual deles era o certo para expressar o que estava sentindo. Emocionado, apenas exclamou:

— Que interessante!

— É mesmo! Agora tenho que ir.

— OK! Abraço!

— Abraço, também!

Logo após conversar com a irmã, Rafael se sentou na cama e ficou pensando na conversa que tivera com ela. Na sua mente, os pensamentos se serenaram, enquanto na sua visão, ele via o mundo inteiro se manifestando. Esse mundo era como um mar dormente. Rafael olhou para a beleza das águas e percebeu que as ondas pararam de existir naquele momento. O mar estava estático, intrêmulo. Nesse espaço de tempo curto como uma respiração, tudo parecia imóvel, imutável, permanente e eterno como o Amor. Quando Rafael voltou desse devaneio, seu coração pulou de alegria. Ele, então, ligou o computador e começou a escrever uma peça teatral — *Além do horizonte.*

O Amor

Alguns meses depois de haver escrito a peça, Rafael recebeu uma ligação do pai. Já fazia alguns anos que os dois só conversavam esporadicamente. Durante todo esse tempo, Rafael amadureceu bastante nas concepções que fazia sobre a vida. Mudou muito como pessoa, porém não alterou nada em suas convicções. Lia e escrevia em todo momento livre. Era daqueles que nunca desistem da vida, aqueles cujos sonhos resistem ao frio e ao calor. No fundo do coração, sabia que um dia o futuro lhe daria razão. Paulo havia amadurecido também. Desde que conhecera a boa amiga Karina, sua vida não era mais a mesma. Sem que percebesse, o fardo das mágoas do passado já não lhe pesava tanto. Aos poucos, transformava-se espiritualmente e cada vez mais tornava-se uma versão melhor de si mesmo, fosse no meio da família ou da sociedade.

Quando Paulo ligou para o filho, disse:

— Oi, Rafael! Como você está?

— Estou bem, pai! E você? Quanto tempo!

— Estou bem também! O que acha de nos encontrarmos hoje no fim da tarde para conversarmos um pouco?

— Eu adoraria!

— Eu também!

— Pode ser em Copacabana, no calçadão por volta das cinco horas?

— Pode ser, em frente ao Copacabana Palace.

— Ótimo!

Os dois se encontraram na praia na hora combinada. O mar estava ali como sempre, imutável e infinito. Naquele momento do dia, parecia descansar enquanto as ondas se moviam com mansidão.

No seu bailar, que se desenhava na superfície, as águas iam e vinham incansavelmente, beijando a areia morna.

Paulo convidou o filho para tomar um guaraná num dos quiosques à beira mar. Uma brisa repentina e suave começou a soprar, trazendo uma sensação de bem-estar e de amor. Paulo iniciou a conversa.

— Como as coisas estão indo com você?

— Estão indo bem. Também estou muito contente por estar agora aqui com você. Fico feliz em saber que você não está mais ressentido comigo.

— Tudo que eu sempre quis foi sua felicidade, algo difícil de se encontrar hoje em dia.

— Eu sei, pai. Inclusive, esses dias, conversei com a Bianca a respeito do meu desentendimento com você. Ela me fez perceber a situação de outra forma.

— Como ela está?

— Está bem.

— Ela ainda está te sustentando?

— Está, sim. E não duvido que haverá um dia em que todo esse sacrifício terá valido a pena.

— Como está organizando sua vida profissional?

— Ultimamente tenho ficado em casa durante o dia cuidando da nossa filha. À noite, procuro fazer algo em relação à minha arte, sempre escrevendo meus poemas, romances e peças de teatro.

— Você ainda quer seguir sua carreira de poeta e escritor?

— Quero, sim, pai. Infelizmente, não sou como a maioria das pessoas.

— Não consigo te entender.

— Não se preocupe comigo! Nasci com a Alma de poeta, e não há o que fazer contra isso. Quem sabe um dia poderei viver da minha arte.

— O que te faz pensar assim?

— Faço minha arte com o coração, não pensando nas recompensas. Isso porque falar ou escrever sobre o amor já é a maior das recompensas. O resto é apenas uma questão de tempo.

— Então não considera a possiblidade de tentar algum concurso público? O filho do Sérgio, meu ex-chefe, agora é promotor de Justiça e vive muito bem.

— Mas o que é viver bem, pai?

Paulo não soube responder, e Rafael continuou:

— Por muito tempo, menti a mim mesmo quanto à minha trajetória profissional. Agora não consigo escapar da minha natureza.

— É uma coisa que não entendo muito. Acho que preciso te escutar mais sobre isso.

— Pai, lembra quando eu estava na Faculdade de Direito?

— Lembro.

— Certa vez, enquanto eu estagiava numa instituição pública, ouvi a conversa de dois dos meus chefes, agonizando sobre os anos que ainda faltavam para a aposentadoria. De repente, Douglas, um deles, fitou-me e disse: "Rafael, pense bem no que te move quando for escolher a área na qual vai trabalhar. Olhe para mim! Trabalho aqui há mais de vinte anos. Olhe para esta cadeira aqui! Sento-me nela todos os dias, e faço as mesmas coisas desde que entrei neste prédio pela primeira vez. Você acredita nisso? Não é brincadeira, estou falando sério. Não sei como eu não enlouqueço com tudo isso, sentado no mesmo canto todos esses anos. Não aguento mais". Alguns dias após esse incidente, eu estava lá quando uma estagiária do mesmo lugar comentou que meu chefe recebia por volta de vinte mil reais por mês como salário. Ela concluiu que ele estava reclamando de barriga cheia. Eu ainda me lembro do primeiro dia do meu estágio. Douglas procurou me agradar, mostrando as fotos de seus passeios internacionais com a família. Era tudo maravilhoso nas fotos. Nelas, ele, a mulher e o filho pareciam felizes. Nos dias que se seguiram, no trabalho, ele tomou o hábito de sempre me contar as aventuras dessas viagens. Quanto mais falava sobre isso, mais se alegrava. E, quando não falava dessas coisas, parecia triste. Ao invés de se dedicar ao que realmente gostava de fazer, Douglas preferiu permanecer em sua zona de conforto. De algum modo, isso lhe proporcionava a garantia de ter uma vida melhor. No entanto, ele não era um servidor público feliz, e todos nós ali sabíamos disso. Ele vivia reclamando da vida, querendo sua aposentadoria o mais rápido possível. Nunca se sentiu pleno naquele trabalho.

Naquele instante, Paulo sentiu pena do Douglas. Já havia tido uma experiência parecida quando tinha trabalhado como economista. Portanto, sabia como era doloroso se dedicar a uma coisa que não agrada o coração. No seu caso, a economia nunca o satisfez de verdade. O tempo todo ele comparava seu trabalho com a alegria que sentia ao pintar as belezas do mundo quando era criança. Isso, sim, preenchia seu coração de júbilo.

Rafael perguntou:

— Então, pai, repetindo: O que é viver bem? Trabalhar apenas para sobreviver?

Paulo se contentava em escutar. Sereno, Rafael prosseguiu:

— Mesmo que a arte hoje em dia não tenha o mesmo valor que tinha antigamente, não quero iniciar uma jornada que não seja a minha, fazendo uma coisa que não satisfaça meu ser. Caso contrário, minha passagem pela Terra seria uma mentira — fez uma breve pausa. — A verdade é que eu não consigo me encaixar num ambiente onde as pessoas se relacionam de acordo com a aparência e não com a essência. E ao trabalhar com arte, eu me sinto mais conectado comigo mesmo.

— Filho, o mundo é assim. Geralmente não seguimos nosso coração. Mas se você deixar de ter um trabalho estável, como vai sustentar sua família?

— Eu não me preocupo muito com isso porque sei que há ainda muitas histórias para vivenciar. Todo dia, contemplo a vida fora e dentro de mim e escrevo as coisas que percebo, as verdades da Alma. Por outro lado, estou ciente de que o mercado literário se tornou fútil, pois muitos escrevem só o que mais se vende. Eu me recuso a fazer o mesmo. De qualquer forma, haverá um momento em que o meu sol terá de brilhar. Deus está no controle! Sinto isso no coração.

— Filho, você não vai à igreja, nem tem uma religião fixa, mas sempre fala de Deus.

— Deus é tudo, pai. Deus é Amor.

— Como assim?

— É que depois de procurar muito sem achá-Lo em nenhum lugar, cheguei à conclusão de que é Amor, nada mais, nada menos. O amor não custa nada, é a única coisa que é dada e recebida com alegria, a única coisa que há de graça neste mundo. Para tê-lo em nossas vidas, só precisamos ser de verdade.

— Escutar você falando sobre o amor me faz lembrar *O banquete* do Platão, um simpósio maravilhoso que trata do assunto.

— Falando nisso, o amor é muito mais do que tudo aquilo que nossa mente é capaz de conceituar. Por isso gosto de pensar que Deus é Amor.

— Acredito que eu tenho muito a aprender com você, meu filho. Agora estou mais sereno quanto ao seu futuro. Acho que não deve haver vida melhor do que a que se vive cantando e falando sobre o Amor. Sabe, fico feliz em te escutar hoje.

— Obrigado, pai. Antes que eu me esqueça, daqui a dois meses, apresentarei uma das minhas peças de teatro. Você gostaria de ir?

— Que legal! Gostaria, sim.

— Que bom! Trouxe dois ingressos para você — disse Rafael, entregando os bilhetes ao pai.

— Você sabe que eu não tenho namorada, né?

— Sei, mas acredito que a pessoa certa possa aparecer a qualquer momento, ou já apareceu.

Eles deram uma risada. Paulo pegou os ingressos e disse:

— Agora vai, meu filho! Você sabe que a cidade não é segura à noite.

— É mesmo! — Rafael concordou.

Ao se levantar, o filho, pensativo, olhou para o pai e acrescentou:

— Fico feliz de poder conversar com você sobre como eu realmente me sinto. Sempre achei que você não entenderia. E hoje acho interessante perceber como o futuro pode nos surpreender.

— As coisas mudam, meu filho.

— Mudam mesmo! Afinal, a vida é assim, feita de mudanças — Rafael disse e foi embora.

O céu já havia começado a escurecer. O filho estava feliz por ter voltado a falar com o pai, sem nenhum constrangimento, sobre seu amor pela arte. Depois de algum tempo, Paulo voltou para casa. No dia seguinte, ia se encontrar com a Karina. As conversas com ela haviam se tornado preciosas para ele. Por nada deste mundo perderia a oportunidade de estar com a nova amiga para dialogarem mais sobre a vida.

Que sorte!

Paulo e Karina combinaram de se encontrar na Praça General Tibúrcio, na Praia Vermelha, um lugar tranquilo no meio de morros e árvores. Paulo esperava pela chegada da Karina perto do monumento da praça. Com o olhar meditativo, contemplava o mundo que o cercava. Aquele dia era particularmente diferente pelo fato de suscitar nas pessoas ali presentes uma sensação de quietude. Não muito longe de onde Paulo se encontrava, havia um casal trocando carícias e falando de amor. Paulo pousou os olhos neles e rapidamente perguntou para si mesmo: "Será que a morte pode separar o que o amor une?".

Instantaneamente, os pensamentos começaram a se agitar em sua mente. Entretanto, ele não se deixou conquistar por eles. Já havia percebido que, no tumulto do espírito, não se revela nenhuma resposta favorável. Com certo discernimento, voltou a contemplar a beleza da natureza que o rodeava. Atrás da estação do bondinho do Pão de Açúcar, erguia-se o Morro da Babilônia. Desta vez, Paulo não resistiu à tentação dos pensamentos, pois o morro o fazia lembrar da Babilônia da Mesopotâmia. "Oh! Babilônia!", ele murmurou para si mesmo. Fora uma cidade grandiosa que se tinha erguido da terra para dominar o mundo. Anos depois, fora devorada pela mesma terra. Babilônia nos faz pensar em uma cidade maravilhosa e muito poderosa, não muito diferente de Atenas, Gizé, Roma e muitas outras. Igual a essas cidades, um dia, as coisas nascem. Em outro, elas morrem. O mesmo acontece com os homens. A vida é assim! "Tudo que vive acaba morrendo um dia ou outro", Paulo ponderou. Em seguida, os pensamentos se esvaneceram, e sua mente voltou a se aquietar. Depois de alguns minutos, Karina apareceu. Os dois começaram a caminhar.

Ainda na Praia Vermelha, eles podiam ver o bondinho levando muitos turistas para o Pão de Açúcar. Lá de cima, pode-se ver a Baía de Guanabara, a Praia de Copacabana e o Cristo Redentor. Como eles já haviam subido ao Pão de Açúcar muitas vezes, decidiram caminhar até a Mureta da Urca e curtir o entardecer com a vista da Baía de Guanabara. Enquanto isso, conversavam sobre a vida. Ao passarem pelo Quadrado da Urca, notaram uma rosa dos ventos, um mosaico composto de pedras portuguesas brancas, pretas e marrons. Paulo ficou maravilhado com essa obra de arte. Bem antes de conhecer a Karina, ele não costumava sentir a presença de Deus nas coisas belas do mundo. Agora, estava mudado, e seus olhos também.

Perto do Quadrado da Urca, havia algumas pessoas pescando e se divertindo a valer. Elas estavam felizes, e Paulo ficou agradecido por perceber esse momento de pura alegria. Momentos como esse são pequenos detalhes do dia a dia capazes de transmutar uma sensação de tristeza para a de contentamento e felicidade.

Depois de caminharem bastante, decidiram se sentar num bar chamado Garota da Urca, aguardando o pôr do sol.

Paulo disse:

— Você se lembra da última vez que eu te contei sobre meu primo Diego?

— Claro que sim!

— Eu tinha falado que ele era como uma luz na nossa família. Hoje minhas conversas com você são uma luz na minha vida. Muitas coisas mudaram dentro e fora de mim desde que eu te conheci. Obrigado por isso!

— Imagina! — Karina pensou um pouco. — Mas sabe de uma coisa, todos nós somos condutores de luz na vida.

Com um olhar perplexo, Paulo escutava. Ele não discordava nem concordava com o que a Karina dizia. Apenas queria entender essa questão da luz um pouco mais.

Karina continuou:

— Meu pai foi engenheiro da prefeitura do Rio por muitos anos. Era um bom emprego, mas com várias bocas para alimentar, não ganhava o suficiente. Quando eu nasci, ele foi convidado para ser engenheiro do Banco do Brasil. Isso mudou a nossa vida. Anos depois, minha mãe me disse que foi nessa época que conseguimos comprar a primeira máquina de lavar roupa. Ela achava que minha vinda ao mundo tinha trazido uma bênção para a família e me disse, feliz: "Karina, você é a luz da nossa família". E acredito que cada um de nós, em diferentes graus, vem a este mundo com uma luz. Todos nós fazemos parte de um propósito universal, e nos tornarmos conscientes nesse processo é escrever uma estrofe do poema da vida.

— Eu consigo perceber isso só agora. Eu me lembro que logo depois de nascer, meu pai conseguiu o financiamento para a construção da sua igreja. Ele dizia que eu trouxe a luz quanto aos negócios de Deus na nossa vida. Deve ser por isso que ele se convenceu de que eu deveria seguir a sua igreja também.

— Ele deve ver isso como um ato de gratidão a Deus.

— Agora ficou tudo mais claro para mim.

— Que bom! Sabe, sua família é parecida com a minha.

— Eles também eram muito religiosos?

— Eram. No entanto, isso não foi um problema. Quando eu me tornei adulta e quis seguir outro caminho, eles entenderam perfeitamente. Respeitaram a minha forma de buscar Deus. Tivemos um relacionamento harmonioso até eles falecerem. Meu pai faleceu dezesseis anos antes da minha mãe. Ele teve um ataque cardíaco e em poucos minutos se foi.

— Você gostaria de me contar os detalhes?

— Gostaria. Éramos três vivendo no apartamento, meu pai, eu e minha mãe, porque todos os meus irmãos já haviam se casado e saído de casa. Eu me lembro que, um dia, depois de tirarem a sesta, meus pais decidiram dar uma volta pela praia. Cinco minutos depois, voltaram, e minha mãe disse: "Seu pai não está se sentindo bem. Vou pegar um pouco de café para ele". Meu pai se deitou no meu colo, e minha mãe trouxe o café e chamou uma ambulância. Isso aconteceu numa sexta-feira à tarde, e o trânsito estava horrível. A ambulância levou anos para chegar. Quando finalmente chegou, ele já havia falecido. Acredito que essa maneira de partir tenha sido uma boa para ele.

— Por que você acha isso?

— Porque ele tinha horror de ficar doente e entrevado numa cama anos a fio. Partiu rápido e não sofreu. Só não foi muito bom para nós, mas com o tempo, conseguimos lidar com a morte dele de uma forma harmoniosa.

— E a sua mãe? Como foi que ela partiu?

— Ela teve uma hérnia umbilical por ter tido seis filhos. Certa vez, foi ao médico, e ele lhe disse que havia duas opções em relação a essa hérnia. Ela podia fazer uma cirurgia, o que não era seguro por causa da sua idade avançada, ou podia tentar viver com a hérnia.

— O que ela escolheu?

— Escolheu não fazer a cirurgia. Aquele ano foi difícil para ela, porque um dos meus irmãos faleceu. Ela sentiu muito a morte dele, e como consequência a hérnia se estrangulou. Ela ficou em coma durante quinze dias antes de fazer a passagem.

— Que pena! Sinto muito!

— A vida é assim mesmo, feita de momentos de sofrimento e alegria. Devemos sempre olhar o lado bom das coisas. E a verdade é que minha mãe vivia apaixonada pela vida. Ela sempre foi feliz e seu espírito estava em paz.

Karina falava dos eventos tristes da sua vida com uma serenidade sem igual. Enquanto Paulo a observava, não conseguia entender como era possível falar de coisas tão dolorosas com toda aquela tranquilidade. Então pensou: "Karina não deve ser uma pessoa comum". Ele estava certo, pois ela era uma pessoa única. De qualquer maneira, Karina era diferente, e tudo nela era agradável. Assim, falava da morte com o coração leve. Embora esse assunto fosse um fardo para os ouvidos do Paulo, ela o deixava suave. O sorriso que nunca lhe saía do rosto reconfortava as Almas que estavam por perto. Paulo escutava com paz e curiosidade.

Através da postura da Karina, ele naturalmente percebeu que não adiantava se debater contra os acontecimentos tristes da vida. A própria existência é feita de coisas boas e ruins, e não há o que possa ser feito para impedir essa dualidade. Assim vai a vida, sempre seguindo seu rumo como um rio resoluto. Às vezes muito agitado, outras vezes, bem manso. Paulo constatou, enquanto escutava Karina, que o mais importante é a maneira como se reage diante dos acontecimentos do dia a dia, seja na euforia ou na aflição.

Karina prosseguiu:

— A vida da minha mãe sempre foi tranquila. Antes da sua ida para o além, ela morava com minha irmã em Brasília e levava uma vida normal.

— Parece que ela viveu só para amar a vida e cuidar dos filhos.

— Isso mesmo!

— Olhando as coisas dessa forma, entendo que há sempre um lado bom nas tragédias da vida.

Karina explicou: "A morte não deve ser um assunto que nos assusta ou que nos traz sofrimento. Existem algumas partes do mundo, como a África e a Ásia, onde as pessoas fazem uma festança quando alguém da família faz a passagem. Devemos aprender a aceitá-la como aceitamos a vida.

— Concordo plenamente. Agora, voltando ao fato da sua mãe ter morrido enquanto estava em coma, acho que ela deixou o mundo de uma forma suave também. Digo isso porque já vi gente comparando o coma a um estado de revelação.

— Eu acho que você está certo — Karina disse, reflexiva. — De qualquer maneira, ela estava em paz quando partiu. Por isso, quando eu soube que havia partido sem muito sofrimento, pensei: "Que sorte!".

Conversaram mais um pouco e no momento de se despedirem, Paulo se apressou em perguntar:

— Amanhã, o que você vai fazer na parte da tarde?

— Nada de importante. Talvez passear um pouco — respondeu Karina de imediato.

— Pretendo ir visitar minha amiga Vanessa no Café Sorriso. Se você quiser ir também, posso te mandar o endereço por WhatsApp. Seria legal te apresentar a ela. Você vai gostar de conhecê-la, e acho que ela vai adorar conversar com você também.

— Boa ideia! Então, até amanhã!

— Combinado!

Karina foi embora. Paulo, como sempre, permaneceu pensativo ali alguns minutos antes de se levantar. No caminho de volta para casa, percebeu que todas as coisas no universo estão conectadas. Assim, acabou constatando uma certa sincronização entre seus pensamentos sobre a Babilônia e a história da Karina. Os dois assuntos falavam da morte, tratando-a como um processo natural da vida. Mas, na realidade, Paulo ainda não estava convencido quanto a essa ponderação. Em algum momento, por uma razão desconhecida, sentiu a necessidade de parar de caminhar. Então fechou os olhos e, por um breve instante, teve a sensação de que a mão de Deus estava por trás de todos os acontecimentos da vida, possibilitando de algum modo que tudo convirja para um ponto, para a origem de toda a existência.

Uma escola

Após se separar do Paulo, Renata ficou bem triste, não por causa da separação, mas porque teria de recomeçar tudo novamente. Não tinha confiança nela mesma para fazer isso. Nos dias após a separação, ficava em casa e lia muito. Às vezes, assistia a filmes românticos, e quando terminava, chorava por estar sozinha.

Certo dia, recebeu um telefonema da Eliane, uma prima que não via há muito tempo. Esse reencontro trouxe uma mudança na sua rotina. A Eliane era comunicativa, parecia sempre feliz e não deixava ninguém ficar triste ao seu lado. Além disso, com seus trinta e cinco anos e sendo solteira, considerava-se uma moça com total controle de sua vida. Ao estar com a prima, Renata começou aos poucos a ter mais autoestima. Ela, então, voltou a se cuidar, a fazer a faculdade e a praticar um pouco de esportes. Nos fins de semana, alegrava-se de poder sair com uma pessoa tão animada que nem sua prima.

Elas se divertiam, fazendo um pouco de tudo, mas principalmente indo a bares. Eliane animava a prima, dizendo: "Você tem que se divertir mais. O Paulo deve estar se divertindo também". Era bom a Eliane estar ajudando a Renata a se esquecer do Paulo.

Certa noite, em algum bar da cidade, enquanto Renata estava sentada em silêncio, pensativa como sempre, Eliane trocava uns beijinhos com seu amigo Luan. Já fazia meses que toda vez que as duas saíam, Luan aparecia do nada para ficar com a Eliane.

Numa noite dessas, Renata questionou a prima sobre o sentido desse relacionamento.

— Você não vai se machucar com o Luan?

— Eu sei o que estou fazendo. Não me apaixono fácil, não. E o Luan é apenas um amigo. Ele sabe que não é nada sério.

— Mas você tem certeza de que não vai se apaixonar?

— Não, por quê? Eu já te falei que somos amigos. Sou um pássaro livre e não quero me apegar a ninguém neste momento.

— OK! Eu te entendo.

Eliane achava que era supernatural de vez em quando curtir a vida com seu amigo Luan. Certa noite, enquanto as duas primas estavam num restaurante, Eliane foi ao banheiro e demorou para voltar. Inquieta, Renata foi à sua procura. Para surpresa sua, descobriu que a prima estava chorando por causa do Luan. Na verdade, já fazia um bom tempo que ela chorava por ele. Acontece que ele começou a namorar outra moça e parou de se encontrar com ela. Eliane ficou com saudade e logo percebeu que gostava muito dele. Um dia, quando entrou no Facebook, viu o status de namoro do Luan. Sem tardar, mandou mensagem para ele, questionando esse relacionamento repentino, e ele respondeu:

[Em primeiro lugar, somos só amigos, e você não queria nada sério. Você disse que é um pássaro livre e que não se apega a ninguém. Conheci uma garota que gosta de mim e estou feliz com ela. Peço que você não me escreva mais.]

Renata havia começado a sair com a prima, procurando ser uma mulher empoderada. Agora estava cuidando da sua mentora, que chorava por um homem. Ao fazer isso, percebeu que para ser uma mulher empoderada, não precisava sair todas as noites, indo de bar em bar. Além disso, foram oito meses saindo com a prima, e ela não conheceu nenhum rapaz que a interessasse de verdade.

Depois de chorar por alguns dias, Eliane decidiu passar um tempo com uma tia em Florianópolis, dizendo que precisava mudar de ares e retomar o controle de sua vida. Renata voltou a ficar em casa nos fins de semana, e nos outros dias, ia para a faculdade. Lia muito, e em um dos livros, deparou-se com uma escritora que comparava a vida a uma escola. Ela dizia que a vida é uma dádiva de Deus, oferecendo várias oportunidades de crescimento. A partir desse momento, Renata tomou o hábito de sempre agradecer a Deus por estar viva. Com o passar do tempo, começou a acordar toda contente, fosse por causa de um sonho alegre ou uma sensação de paz que não tinha explicação. Agora tratava a vida como uma joia preciosa, e tudo nela brilhava com muita satisfação.

Em todos os cantos

Certa manhã, Renata ligou por WhatsApp para sua prima Charlotte que morava na França. As duas conversaram bastante e combinaram que ela iria à França passar um tempo lá. Depois de alguns meses, Renata fez as malas e embarcou nessa aventura.

— Estou feliz de te ver — disse Charlotte, animadíssima, abraçando a prima quando foi pegá-la no aeroporto.

— Eu também!

Após alguns dias, a Charlotte perguntou à Renata:

— Você se lembra do Jean?

— Lembro.

— Podemos visitá-lo amanhã. Que tal?

— Boa ideia.

Charlotte pediu que a Renata não mencionasse nada sobre os pais do Jean. "O câncer venceu os dois", disse ela com o olhar triste. Depois de perder os pais, Jean ficou depressivo e acabou se separando da esposa. Também abandonou o trabalho. Sendo assim, Charlotte, sua vizinha, gostava de organizar algumas coisas para não deixar o amigo de infância permanecer na tristeza.

A Renata já conhecia o Jean há muito tempo. Quando ela tinha nove anos, seus pais queriam que ela conhecesse um pouco da França. Por isso, passou dois anos lá, estudando na mesma escola que a prima. No primeiro ano da escola, sentava-se ao lado do Jean, e os dois se tornaram muito amigos.

Na noite em que visitaram o Jean, Charlotte convidou seu namorado Homer para ir também. Ele era do Benim, um país da Costa Oeste da África. Antes do Homer, Charlotte namorara muitos rapazes. Agora já fazia seis meses que estava com esse beninense.

Quando a Renata lhe perguntou sobre esse namorado, ela lhe respondeu: "O Homer é a pessoa certa para mim. Todo dia, eu aprendo a amá-lo cada vez mais, e ele faz o mesmo".

Na sala de visitas do Jean, estavam todos sentados, conversando. Renata conseguiu ler no rosto do Jean um pouco de tristeza e solidão. Ele estava sofrendo, porém sorria para os convidados. Na verdade, ele sempre foi assim, sorridente a qualquer momento.

Naquela noite, Renata fora a primeira a puxar a conversa, fazendo perguntas para o Homer em francês.

— Vocês falam francês no seu país?

— Falamos. Mas além dessa língua, há várias outras também.

— Que interessante! O Benim deve ser um país fascinante, né?

— É, sim. Charlotte e eu combinamos de ir lá no fim do ano.

— Tem lugar para mais um? — Renata perguntou, contente.

— Por que não? Seria uma aventura maravilhosa.

No meio da conversa, decidiram brincar de mímica. Renata e Jean formaram uma dupla e pareciam ser a mesma e única pessoa. Eles tinham uma sintonia perfeita, tanto é que Charlotte e Homer acabaram desistindo da brincadeira. Eles não tinham nenhuma chance contra seus adversários.

No momento em que os convidados estavam deixando a casa, Renata propôs ficar com Jean para conversarem um pouco mais e recordarem as histórias que tiveram na infância.

"Ótimo!", Jean exclamou.

Jean já não parecia mais triste como no início. Ele e a Renata se sentaram um ao lado do outro, conversando sobre o passado. Enquanto falavam, descobriram que "Je t'aimais, je t'aime et je t'aimerai" de Francis Cabrel era a música favorita dos dois.

— Sempre que eu escuto essa música, penso na carta que você me escreveu. Essa história foi engraçada — Jean disse com um olhar feliz.

— Foi mesmo — Renata disse morrendo de rir. — Seus pais ficaram bravos porque acharam que eu estava querendo atrapalhar seus estudos.

— Verdade! Eles tentavam me proteger.

— Isso é normal.

Como a Renata sabia o que havia acontecido com os pais do Jean, evitou falar muito deles. Desse modo, conversaram sobre outras coisas a noite inteira, e do nada, decidiram ir ao Benim junto com a Charlotte e o Homer.

Em algum momento da noite, Jean colocou sua música favorita no replay. Os dois conheciam a letra de cor, e quando chegava na parte do refrão, cantavam abraçados:

"Et quoique tu fasses
L'amour est partout où tu regardes
Dans les moindres recoins de l'espace
Dans le moindre rêve où tu t'attardes
L'amour comme s'il en pleuvait
Nu sur les galets"

Como diz o Francis Cabrel nessa música, o amor está em todos os cantos do espaço, em todos os lugares onde se olha, nos sonhos que se tem, sempre caindo como a chuva nas pedras. Naquele momento, pintou um sentimento gostoso entre a Renata e o Jean. Alguns meses depois que a Renata voltou para o Rio, os dois começaram um relacionamento a distância, e nas férias, encontravam-se em alguma parte do mundo.

Manifestação de uma meta

Nos anos 80, Karina decidiu viver com seu namorado. Naquela época, não era bem visto o fato de uma moça morar com o namorado sem se casar primeiro. Sendo assim, D. Clymène, a mãe da Karina, certa vez lhe disse: "Minha filha, você é uma pioneira. Foi aeromoça quando as moças de famílias como a nossa não faziam isso. Depois, aderiu a outra religião enquanto todos da nossa família permaneciam católicos. E agora, está morando com seu namorado. Você é realmente uma pioneira".

A mãe da Karina ficava sem graça de dizer aos amigos e parentes que sua filha estava vivendo com o namorado. Então, quando eles perguntavam pela Karina, ela respondia: "A Karina se casou", e as pessoas, surpresas, falavam: "Como assim? E nós não fomos convidados?". D. Clymène inventava uma desculpa, dizendo: "É que foi um casamento simples".

Depois de viverem alguns anos juntos, Karina se separou daquele namorado. Ela estava com quarenta anos na época e sabia que as moças com aquela idade no Rio já eram consideradas velhas, com dificuldade em encontrar um companheiro sério. Os homens solteiros que tinham mais de quarenta anos tendiam a querer a companhia de mulheres muito mais jovens.

Além de não se sentir atraente, ela também não se sentia plena vivendo ali. Na realidade, nunca conseguiu se adaptar ao estilo de vida do Rio. Sempre se sentia como um peixinho fora d'água, e sabia desde criança que um dia iria embora para outro país. Na época, não sabia para onde ir e começou a prestar atenção ao seu redor para ver se havia algum sinal.

Antigamente, no Brasil, quando se trabalhava como aeromoça ou professora, era possível se aposentar depois de vinte e cinco anos de profissão. Karina, então, começou o processo de aposentadoria com quarenta e sete anos. O processo era difícil por causa da burocracia exagerada do país. Por sorte, sua mãe estava lá para ajudá-la. Durante vários meses, ela ia ao INSS e dizia: "Bom dia, eu vim acompanhar o andamento do processo de aposentadoria da minha filha. É esse número aqui". Eles olhavam para o número do processo e lhe respondiam: "Esse processo ainda não está finalizado, mas logo vamos cuidar dele". Algum tempo depois, ela ia novamente e insistia, até que um dia chegou para a Karina e disse: "Consegui sua aposentadoria!".

Karina viu essa conquista como um sinal de que já estava na hora de sair do país. E o Mestre Interno lhe disse: "Agora você pode partir". Só faltava decidir para onde. Um dia, enquanto passeava em Copacabana, percebeu um rapaz com uma camiseta na qual estava escrito "AUSTRÁLIA". Aquilo chamou sua atenção, e ela pensou: "A Austrália deve ser um bom lugar para morar. Por que não?". Algum tempo depois, viajou para a Austrália. Quando chegou em Sidney, ficou hospedada num Albergue da Juventude, um lugar simples e barato. Tinha um quarto só para ela, ficando muito feliz com isso, pois a privacidade sempre foi uma coisa muito importante na sua vida.

Nesse albergue, conheceu vários coreanos que queriam aprender inglês. Eles tinham muita dificuldade em entender o sotaque australiano e preferiam ter aulas com a Karina, mesmo ela não sendo nativa da língua inglesa. Como ela também queria dar aulas de português, colocou um anúncio no jornal. Depois de alguns dias, apareceram alguns alunos interessados. Esses alunos foram falando das aulas para outros, e o grupo cresceu. Assim, Karina pôde ganhar seu sustento com as aulas enquanto morou na Austrália.

O visto de entrada na Austrália que ela tinha era válido por seis meses. O tempo passou rápido e logo teve de renovar o visto. Ela tinha duas opções: tentar renovar o visto lá mesmo ou tirar um novo visto no Brasil, aproveitando para estar com a família. Voltou ao Brasil e depois de conseguir um novo visto, foi comprar a passagem para Sidney. Naquele momento, aconteceu uma coisa que mudou o curso da sua vida.

Esse acontecimento, além de ser inesperado, foi também espiritual. Para entender melhor isso, é preciso voltar um pouco no passado. Como se sabe, uma mulher com quarenta e sete anos no Rio é, na maior parte do tempo, considerada velha para ser atrativa aos homens. A Karina se encontrava numa situação assim. Ela desejava intensamente encontrar a pessoa certa com quem pudesse compartilhar sua vida e sabia que no Rio isso seria bem difícil.

Quando estava morando na Austrália, foi a uma atividade da Liberdade Espiritual, onde a palestrante discorreu sobre a importância de traçar metas na vida. Então Karina começou a traçar metas todos os dias. Uma das metas daquela época era conhecer o companheiro certo com quem compartilharia as bênçãos da vida. Todas as manhãs, ela escrevia num caderno: "Eu tenho um companheiro que me ajuda a servir à vida". O que há de interessante nessa afirmação é que mesmo não tendo nenhum pretendente em potencial, ela escrevia seu objetivo com o verbo no presente, como se já estivesse acontecendo naquele momento. Ao agir dessa forma, Karina criava moldes que seriam preenchidos pelo Espírito Santo e manifestados se houvesse merecimento.

Seu primeiro companheiro, o namorado com que ela vivera no Rio, era um homem maravilhoso, mas com o tempo, o relacionamento se desgastou, e eles acabaram se separando. Agora, já passados alguns anos, Karina havia crescido espiritualmente e queria um tipo de companheiro diferente, um companheiro que a ajudasse a servir.

Ao conseguir o visto, o Mestre Interno sugeriu à Karina que comprasse a passagem de volta para a Austrália numa determinada agência de viagens. Ele lhe disse: "Entre naquela agência e pergunte qual é a melhor passagem do Rio para Sidney". Em sua mente, ela respondeu ao Mestre: "Como assim? Eu já tenho um plano. A primeira vez que eu fui a Sidney, fui pelo Polo Sul, e a passagem foi a mais barata que eu encontrei. Eu acho melhor comprar com a mesma companhia aérea". O Mestre insistiu: "Vá a essa agência".

A moça da agência deu várias sugestões e, de repente, disse:

— Temos uma promoção ótima com a Canadian Airlines.

Karina pensou: "Mas não faz sentido eu ir do Rio a Sidney no Hemisfério Sul, passando pelo Canadá no Hemisfério Norte".

A moça continuou:

— É uma boa promoção. Além disso, você poderá passar alguns dias no Canadá se quiser. Você já foi ao Canadá?

— Não, nunca pensei em ir.

— Quem sabe você pode aproveitar alguns dias lá e depois continuar a viagem para Sidney.

— Vou pensar um pouco. Quando eu decidir, volto a conversar com você.

— Combinado!

Quando Karina chegou em casa, lembrou que tinha recebido um convite da Liberdade Espiritual para um seminário em Montreal na época em que estava planejando voltar a Sidney. Imediatamente pensou: "Tá aí! Vou com a Canadian Airlines. Assim, posso participar do seminário e depois continuar a viagem para a Austrália". Durante sua estada no Canadá, conheceu o homem que foi a manifestação das metas que ela estava traçando. O Mestre Interno a guiou até lá.

O Mestre Interno

Ali no Café Sorriso, em uma das mesas do pátio, encontravam-se a Karina, a Vanessa e o Paulo. Eles conversavam sobre vários assuntos da vida. O sol não estava mais tão quente. De vez em quando, uma brisa suave refrescava o ambiente. Num certo momento, a Vanessa perguntou à Karina:

— Faz quanto tempo a senhora é casada no Canadá?

— Não me chame de senhora, porque assim eu me sinto muito velha. Faz mais de vinte anos.

— Desculpe, falei senhora por respeito — disse Vanessa.

— Puxa! Ficar casado por mais de vinte anos hoje em dia é uma façanha — Paulo murmurou.

— Às vezes, eu me pergunto sobre como saber se o nosso companheiro é a pessoa certa. E será que já existe uma pessoa certa para cada um de nós? — Vanessa perguntou, olhando para o Paulo.

Ela e o Paulo acreditavam na teoria das Almas gêmeas. É por isso que os dois ainda estavam presos às lembranças de seus grandes amores que não tinham dado certo. Na adolescência, Vanessa amara o Thiago loucamente e desde então nunca mais conseguiu se apaixonar novamente. Já o Paulo não amava mais a Renata, e mesmo assim, ainda estava apegado à ideia de que seu casamento com ela poderia ter dado certo.

Karina respondeu:

— Gosto de fazer uma analogia do meu relacionamento com o Erik, meu marido, como se fôssemos dois copos cheios. Somamos um copo cheio, que sou eu, com ele, outro copo cheio, e o resultado são dois copos cheios, existindo independentes um do outro. A maioria dos casais que conhecemos são copos cheios pela metade que precisam um do outro para alcançarem um estado de plenitude. Essa codependência não é nada saudável.

— Quando penso nos casais amigos meus, não consigo me lembrar de nenhum que seja como você e o Erik — Paulo ponderou de imediato.

— Eu acho que isso acontece com base na falsa teoria das Almas gêmeas, onde as pessoas acreditam que só podem se sentir plenas se encontrarem sua cara metade — Karina continuou.

Vanessa escutava em silêncio. Com o olhar perplexo, Paulo se mantinha calado. Em suas reflexões, procuravam um sentido para a explicação da Karina. Essa última percebeu que seus interlocutores precisavam de algum tempo para entender o que acabara de falar. Dessa forma, calou-se e ficou apenas sorrindo. Finalmente, Vanessa quebrou o silêncio e disse:

— Puxa, obrigada por compartilhar isso! Faz sentido. Faz bem saber que podemos ser felizes sem depender de ninguém!

— Por nada! — Karina replicou, contente.

Vanessa continuou:

— A senhora... Desculpe! Você poderia nos contar como conheceu o Erik?

— Posso. Com prazer!

Enquanto escutava a Karina, Vanessa lançou um olhar para Paulo de forma discreta, mas perceptível. Esse gesto dizia ao Paulo que ele deveria virar a página com a Renata, permitindo que a flor do amor brotasse novamente em seu coração.

Karina começou a falar:

— Conheci o Erik quando fui a um seminário da Liberdade Espiritual em Montreal, no Canadá. Como eu estava sozinha naquela época e queria muito ter um companheiro, eu traçava a seguinte meta: "Eu tenho um companheiro que me ajuda a servir à vida". Durante o seminário, meu Mestre Interno me disse: "Você tem planos para ficar aqui uma semana, mas uma semana não é o suficiente". Eu indaguei de imediato: "Por que uma semana não seria o suficiente?". O Mestre respondeu que eu logo perceberia por quê. E eu pensei: "Mas eu não tenho dinheiro para ficar aqui por muito tempo só gastando e sem trabalhar". Finalmente, o Mestre disse: "Arrume um jeito". Eu logo tive uma ideia interessante. Escrevi num pedaço de papel que eu gostaria de passar um tempo com uma família de língua francesa para melhorar o meu francês e que eu poderia trocar a minha estada por trabalhos domésticos. Coloquei a nota no quadro de avisos do seminário. Meia hora depois, já havia um nome e um número de telefone no meu papelzinho. Liguei para a moça, que se chamava Louise, e ela imediatamente disse que eu podia ficar com ela e seus dois filhos adolescentes o tempo que eu quisesse e que eu não precisaria fazer nenhum trabalho na casa. Certo dia, ela me convidou para participar de uma atividade no grupo da Liberdade Espiritual. Quando terminamos, comecei a falar com as pessoas à minha volta. Em algum momento, cheguei até o Erik e disse: "Oi! Sou do Brasil e estou passando alguns dias aqui". Quando eu estendi a mão e disse "muito prazer", li o pensamento dele: "O que essa moça quer de mim?". Naquele grupo espiritual havia muitas moças solteiras, e o Erik era um dos poucos rapazes disponíveis. Por isso, elas davam em cima dele, e ele fugia delas. Então, quando eu me apresentei, ele achou que eu era mais uma moça interessada nele. Imediatamente o Mestre Interno disse: "Agora chega! Vai conversar com outras pessoas".

A Vanessa interrompeu a Karina, perguntando:

— Quem é o seu Mestre Interno?

— Ela tem uma conexão forte com seu mundo interno — Paulo respondeu no lugar da Karina.

— Isso, Paulo. Essa conexão se manifesta como uma vozinha que fala comigo, dando uma orientação. Hoje eu a chamo de Mestre Interno — Karina completou.

Estupefata, Vanessa exclamou:

— Que interessante! Eu também quero ter essa vozinha interna.

— Não é uma coisa comum — Paulo pontuou.

— Não é comum, mas é possível — Karina falou de imediato.

Eles se olharam rapidamente, e Karina continuou narrando sua história.

— Na semana seguinte, voltei ao mesmo lugar para outra atividade. Como eu já conhecia o jeito do Erik, uma pessoa que estava fechada para novas amizades, fiquei bem na minha, ignorando-o. Logo depois, uma senhora chamada Yvette, que morava no mesmo prédio, chegou para mim e disse: "Karina, eu gostaria de te convidar para tomarmos um chá, mas não fale para ninguém. É que eu não gosto de ter muita gente na minha casa. Só convidei o Erik porque eu gosto muito dele". Aí nós três fomos tomar chá na casa da Yvette. Enquanto ela estava na cozinha, fiquei conversando com o Erik na sala, bem neutra para ele não se sentir desconfortável. Depois do chá, ele me levou até uma estação de metrô, e dali fui para a casa da Louise. Depois, o Mestre Interno me sugeriu fazer uma coisa que eu não costumo fazer: "Ligue para o Erik". Louise, minha anfitriã, tinha o contato dele. Como ele não estava em casa, deixei um recado.

"Ele nunca me ligou de volta, mas eu o vi na próxima reunião espiritual. Quando terminou, ele chegou para mim e disse: 'Desculpe eu não ter ligado de volta para você. Foi porque eu tive um dia corrido. Mas eu e um grupo de amigos vamos sair para comer algo. Você gostaria de ir conosco?'. Aceitei prontamente. Depois daquele dia, o Mestre Interno me deu o sinal de que já era hora de continuar a viagem para Sidney. Tomei as providências, e a Louise decidiu dar um jantar de despedida, convidando o Erik. Nesse jantar, ele me perguntou como eu iria até o aeroporto no dia seguinte para pegar o voo. Eu tinha planejado ir de táxi, mas ele se prontificou a me levar antes de ir para o trabalho. Assim ele me levou até o aeroporto, e quando nos despedimos, trocamos nossos contatos, achando que muito provavelmente não nos veríamos mais.

"Algum tempo depois, ele começou a me ligar e a me mandar fax. Naquela época, não era comum usarmos a Internet. Um dia, quando me ligou, ele me pediu em casamento. Fiquei surpresa porque eu mal o conhecia. Mas o Mestre Interno me deu dois sinais. O primeiro foi me mostrar que nós tínhamos muitas coisas em comum: Seguíamos o mesmo caminho espiritual, éramos livres, sem nenhum relacionamento, nascemos no mesmo mês e tínhamos uma diferença de apenas seis anos. O Mestre falou: "Por que você não aceita? Se não der certo, você pode voltar para cá ou para o Brasil". O segundo sinal foi um sonho que eu tive na noite seguinte. Nesse sonho, era outono, e eu estava num lugar cheio de árvores coloridas. Em Sidney e no Rio, as árvores não ficam coloridas assim. Então pensei: 'Isso só pode ser no Canadá'. Decidi seguir a orientação do Mestre, fui para o Canadá, onde nos casamos no outono daquele mesmo ano".

Paulo escutava calado. Vanessa era a única pessoa que fazia perguntas. Ela sempre se interessou por aventuras de viagens e amor. Então perguntou:

— Foi tão rápido assim?

— Foi. Eu o conheci em junho. Depois fui para a Austrália. Ele me fez o pedido em julho. Voltei para morar com ele no Canadá em agosto, e decidimos nos casar no dia 22 de outubro no templo do nosso caminho espiritual.

— Como foi a cerimônia de casamento? — Vanessa perguntou, curiosa.

— Eu não convidei ninguém, mas muitas pessoas foram. Isso aconteceu porque uma moça e um rapaz da Austrália se casaram um dia antes de nós, e os convidados deles, que eram meus amigos também, foram ao meu casamento. A Ingrid, a moça que me mostrou a Liberdade Espiritual, por acaso, estava lá no templo também. Ela é flautista e me perguntou: "Você gostaria que eu tocasse flauta no seu casamento?". Adoramos a ideia, e foi simplesmente maravilhoso.

— Percebo que tudo isso aconteceu porque você deu ouvidos ao Mestre Interno — Vanessa disse, achando a história incrível.

— O Mestre Interno é uma voz suave que vem do coração de cada um de nós. Às vezes, é um pouco difícil percebê-lo, mas quando se abre o coração, Ele se manifesta sempre que precisamos. A verdade é que Ele está sempre conosco. A questão é a seguinte: "Será que estamos com Ele?".

Vanessa ficou maravilhada com a revelação da voz interna. Paulo, que ficara calado até então, finalmente falou:

— Será que o Mestre Interno é a melhor versão de nós mesmos?

— Com certeza! — Concordou Karina.

Já estava na hora de o Café Sorriso fechar. No rosto da Vanessa, expressavam-se alegria e gratidão ao mesmo tempo. Ela agradeceu à Karina pela história e pediu licença para arrumar o local. Pouco tempo depois, Paulo e Karina deixaram o Café Sorriso.

No dia seguinte, enquanto Paulo pensava na história da Karina, lembrou-se do convite do filho para assistir a uma das suas peças. Tinha recebido dois ingressos e pensou: "Por que não convidar a Vanessa?".

Um grande rei africano

Homer foi com a Charlotte, a Renata e o Jean à África. O avião aterrissou em Cotonou, a capital financeira do Benim. Ali alugaram um carro para ir a Ouidah, uma cidade histórica, onde iam ficar hospedados no hotel La Casa Del Papa.

A caminho do hotel, pararam para passear no Temple des Pythons (Templo dos Pítons) em Ouidah, onde tiraram muitas fotos. Renata gostou da sensação gelada quando colocava os pítons no pescoço. No Benim, culturalmente falando, todo estrangeiro é considerado um rei. Dessa maneira, os beninenses tratavam os amigos do Homer como reis e rainhas. Renata e Charlotte estavam encantadas de estarem ali naquele momento.

A uma certa distância desse santuário vodu, pararam novamente para conhecer outro lugar. Junto com um guia turístico, fizeram o mesmo percurso que os escravos faziam até chegarem à "La Porte Du Non Retour" (A Porta Do Não Retorno). Dali, os escravos partiam para as Américas, pensando que nunca mais voltariam. O guia contou que a maioria dos escravos deportados para o Brasil tinham saído de Ouidah, e que muitos deles voltaram após a abolição da escravatura como homens livres. Disse que na cidade de Ouidah, encontram-se muitas pessoas com nomes brasileiros, descendentes dos primeiros brasileiros que voltaram para a África depois de muito tempo.

Enquanto eles escutavam as histórias de Ouidah, Renata, que sabia pouco sobre o Benim até conhecer o Homer, emocionou-se. Sentada numa pedra ao lado de "La Porte Du Non Retour", pegou um punhado de areia, imaginando se um de seus ancestrais havia saído de lá. Como a maioria dos brasileiros, ela devia ter um pouco de sangue africano correndo nas veias. Caso isso fosse realidade, ela poderia se considerar parte daquele lugar, filha querida da cidade de Ouidah. Em seu curto devaneio, percebeu que embora os continentes fossem separados, os homens eram, de algum modo, todos ligados entre si. "O mundo é tão pequeno", pensou ela. Em seguida, olhou intensamente para o mar, imaginando a tristeza que ele devia ter vivenciado ao ver milhares de homens e mulheres sendo privados de sua liberdade.

Depois de apresentar o monumento, o guia terminou dizendo: "Todos nós somos uma coisa só". Logo depois, prosseguiram para o hotel La Casa Del Papa, onde se acomodaram na maior tranquilidade.

Apesar de os quartos do hotel serem simples, eram muito aconchegantes. Das janelas, viam-se o mar e as palmeiras, cujas folhas lembravam a liberdade. Nada podia ser mais bonito do que aquilo. Da varanda do seu quarto, Renata se pôs a contemplar toda essa beleza natural. Sentia-se em casa, pois aquela proximidade do mar fazia com que ela se lembrasse das belezas do Brasil.

La Casa Del Papa se encontrava numa área imensa, com campos de futebol e minigolfe, além de quadras de tênis e basquete. Havia também jardins, piscinas e muito mais. Do lado direito de onde Renata estava, o mar se estendia infinitamente. Do outro lado, via-se uma lagoa de tamanho considerável, que descansava com suas águas paradas. Em silêncio, Renata se pôs a meditar sobre o verde incandescente daquela paisagem, e de uma forma estranha, sentiu-se isolada do mundo, como se estivesse em outro planeta, longe do barulho e ansiedade das grandes cidades por onde já passara.

Enquanto curtia o ar refrescante da natureza, lembrou que o hotel oferecia também um serviço de spa. Sem tardar, chamou a Charlotte para irem relaxar. Depois de uma boa sessão de massagem, foram passear um pouco com os rapazes.

À noite, fizeram uma fogueira perto da lagoa do hotel. Outros turistas se juntaram a eles, e todos ficaram divagando até a chegada de Monsieur Mamandou. Ele era considerado o mais velho Griot dessa cidade histórica.

Monsieur Mamandou, que era de origem senegalesa, contou-lhes a lenda do Rei Béhanzin, também conhecido como Kondo, Le Requin (Kondo, O Tubarão). Foi um grande rei que dedicou todo seu reinado à luta contra o imperialismo francês. Finalmente, acabou se rendendo aos inimigos a fim de evitar a guerra contra seu povo.

Os cantos e a gesticulação de Mamandou davam vida à história daquele rei. Foi tão emocionante que algumas pessoas acabaram chorando. Renata vislumbrou, através da coragem do rei, a manifestação de um amor incondicional, uma vida inteiramente dedicada ao serviço para com seu povo. Na hora, ela pensou: "Se os governantes de hoje pudessem amar seu povo dessa forma, o mundo com certeza seria um lugar melhor".

Até aquela viagem à África, Renata nunca havia pensado nas questões sociais de uma maneira tão profunda como essa. Agora ela se sentia mudada, prestes a redescobrir outra face do mundo e talvez uma nova versão de si mesma.

Além do horizonte

Paulo estava sentado no meio da plateia em um dos teatros do Rio, olhando para o palco com entusiasmo. Ao seu lado, encontrava-se Vanessa. Ana Paula e seu marido, assim como Renata e seu namorado, que tinha vindo passar alguns dias no Rio, estavam todos no teatro. Bianca, esposa do Rafael, também estava ali no meio do público.

No palco, via-se uma decoração mostrando a aurora de um novo dia e uma árvore branca como a neve, simbolizando a pureza da vida. Uma moça entrou em cena segurando uma vasilha e se sentou debaixo da árvore. Reflexiva, olhava para a plateia. Rafael, que interpretava um soldado, entrou em cena. Ao vê-lo, o coração da moça pulou de alegria, e ela se levantou para abraçá-lo.

Paulo pegou na mão da Vanessa, e ela não se moveu. Talvez fosse porque ele estava mais do que emocionado ao ver o filho atuar em sua própria peça. Com sua mão apertando a da Vanessa, ele não media o júbilo em seu coração.

Na peça, os dois atores se chamavam Natália e Glauber. Natália era tão linda que sua presença intensificava a iluminação do palco. Todo mundo ali podia notar o esplendor daquela personagem. Glauber ficou estático, segurando uma rosa.

A peça era sobre a crença errônea de que a felicidade se encontra fora de cada um, além do horizonte. Natália tentou explicar que podemos encontrar a felicidade em nosso coração, mas Glauber não a escutou e partiu em busca dessa felicidade em algum lugar.

No final da peça, Natália recebeu a notícia de que Glauber havia morrido num acidente trágico antes de chegar ao destino sonhado. Ela ficou triste, chorando sem parar dias a fio. Algum tempo depois, descobriu que estava grávida e que o amor deles iria sobreviver naquela criança.

No fim do espetáculo, Paulo e Vanessa saíram de mãos dadas. Vanessa não escondia seu entusiasmo ao caminhar ao lado do Paulo. Ele, por seu lado, sentia-se um pouco incômodo, mas nada dizia a respeito. Eles foram esperar o Rafael na entrada do estabelecimento para parabenizá-lo. Vanessa se perguntava como seria o encontro com os membros da família do Paulo. Até então, ela só os conhecia através dos fatos que ele contava.

Ana Paula e o marido se aproximaram, e o Paulo apresentou a Vanessa. Pouco tempo depois, Rafael apareceu na companhia da Bianca e da Renata. Quando Paulo viu a Renata, soltou a mão da Vanessa discretamente. Vanessa, sorridente, não disse nada, mas ficou um pouco sentida. Renata percebeu a presença da desconhecida e disse ao Paulo:

— Não vai nos apresentar sua amiga?

— Sim, claro! Esta é a Vanessa, uma colega do meu antigo trabalho — Paulo disse, tentando não passar detalhes da amizade dele com a Vanessa no Café Sorriso.

Renata estava feliz pela realização do filho, e com o rosto iluminado, sorriu de forma acolhedora para a desconhecida. Vanessa, embora estivesse triste com o comportamento do Paulo, fez o mesmo. Todos parabenizaram o Rafael pela belíssima peça de teatro e sua boa atuação. De repente, o celular da Vanessa tocou, e ela pediu licença para responder. Saiu do teatro e não voltou mais. Após um tempo, Renata disse:

— Paulo, não acha melhor ir atrás da Vanessa? Já faz alguns minutos que ela saiu.

— É verdade, vou procurá-la — Paulo disse, despedindo-se do filho com um abraço.

Entretanto, Vanessa já havia ido embora. Logo após pegar o Uber, seus olhos ficaram úmidos, e ela verteu algumas lágrimas. A vida é assim — num dia, é o sonho que se realiza, no outro, são lágrimas de desilusão que se vertem.

Já fazia oito anos que a Vanessa e o Paulo eram amigos. No dia em que se conheceram, ela sentiu algo especial por ele. No entanto, contentava-se com a amizade entre os dois. E se fosse por ela, nada teria mudado se ele não tivesse pegado na sua mão durante a peça do Rafael. Esse acontecimento mudou tudo.

Paulo ligou para ela naquela noite, e os dois conversaram sobre o acontecido. Ele disse que não sentia que havia alguma coisa além da amizade entre os dois, no que ela respondeu que havia interpretado a situação de uma maneira errada e que preferia se afastar dele por algum tempo.

Uma viagem

Certa noite, Paulo teve a ideia de fazer uma coisa diferente antes de dormir. Sentou-se numa poltrona confortável e pôs as mãos no colo, como se estivesse prestes a receber as bênçãos de Deus. Fechou os olhos e colocou sua atenção no terceiro olho, um ponto entre as sobrancelhas e um pouco acima delas. Assim, fez uma contemplação pela primeira vez, totalmente entregue ao silêncio. Esse exercício espiritual o deixou tão relaxado que ele resolveu fazê-lo todas as noites.

A Karina já havia dito que a contemplação é, na verdade, uma viagem ao nosso templo interno. Dissera também que esse tipo de viagem proporcionava uma forma suave de viver. E agora que ele começou a contemplar, percebeu que seu dia a dia ficava cada vez mais leve. Além disso, percebia quando ele entrava em contato com seu mundo interno.

Com o passar do tempo, entendeu que não estava mais sozinho no mundo, que alguma coisa dentro de si o protegia e o guiava a um propósito maior. Também não demorou para perceber que quanto mais praticava o amor em suas ações para com o próximo, mais sua vida interna se fortalecia.

Certo dia, ao chegar em casa depois de ter conversado com a Karina, Paulo não procurou nada para comer. A conversa com ela bastara para saciar seu âmago e, consequentemente, seu apetite. Começou, então, a fazer uma contemplação. Naquele momento, os pensamentos se serenaram. Eles se limitavam ao presente, totalmente livres das mágoas do passado e das aspirações do futuro. E Paulo, sem perceber, entregou-se ao sono e dormiu que nem uma criança.

No meio da noite, enquanto seu corpo jazia inconsciente no leito, seu espírito começou a vagar num mundo irreal. Mas como Alma, Paulo se encontrava num sonho que lhe parecia real.

Caminhava pelas ruas de uma cidade parecida com o Rio. E a cada passo que dava, tinha a sensação de estar no seu próprio mundo, como se tudo ali fosse parte dele, como se ele fosse o criador daquele sonho. E enquanto caminhava, pensava: "Os prédios, as árvores, os morros, tudo aqui forma uma unidade comigo".

Embora estivesse em comunhão com tudo, ele ainda se sentia como uma entidade à parte. Destarte, caminhou até a areia, na margem de um mar dormente. Era a alvorada, e o mar extenso cobria o mundo, o seu mundo, a realidade em seu sonho. De repente, seus olhos errantes se pousaram no horizonte e procuraram alguma coisa diferente. No entanto, não havia nenhuma novidade ali. Naquele lugar, só existiam Paulo e a manifestação do seu próprio mundo.

Ele se sentou para contemplar o nascer do sol. A grande estrela brilhante se movia com mansidão no horizonte. De onde Paulo se encontrava, esse astro gigante parecia sair das águas do mar como um ovo dourado. O mar não era mais azul, pois tudo ali se tornou luminoso. O coração do Paulo se alegrou, e momentaneamente, ele escutou o cântico do oceano. Enquanto o vento suave daquela paisagem cantava a melodia do amor, as ondas do mar bailavam com um júbilo total. Tudo ali era perfeito. Sem nenhum pensamento, Paulo compreendeu sua relação com a vida, e tudo que nela existe. Percebeu que os olhos do coração veem o essencial que é apenas o Amor, esse belo sentimento igual a Deus, imutável e sempre autêntico, mesmo passando por vários milênios e civilizações. Muitos já foram seus mensageiros, e outros ainda virão. Entretanto, o Amor em si nunca muda, sempre permanece o mesmo, no momento presente, capaz de curar toda aflição, fazendo da existência uma bênção.

De repente, um homem com um manto grená apareceu à beira do mar. Sua figura luminosa se entremeava com a luz do sol. Ele era moreno, com olhos escuros e um cavanhaque refinado. O sorriso em seus lábios parecia nunca ter deixado seu belo rosto. Era um ser majestoso, cuja compaixão movia todo o universo nesse sonho.

Quando eles se olharam, Paulo sentiu, de imediato, um regozijo sem limites conquistando seu coração, seu mundo interior. Também tinha a sensação de que a manifestação daquela figura era o vento suave que cantara a melodia do amor em seu ouvido. Paulo já tinha escutado falar de Mestres Espirituais que apareciam nos sonhos das pessoas. Esse ser brilhante devia ser um deles.

Ele se sentou ao lado do Paulo e iniciou a conversa como se os dois fossem conhecidos de longa data.

— Quanto tempo, meu filho! Como você está?

— Estou bem, e o senhor? — Paulo disse, pasmo.

— Estou bem, também. O que você andou fazendo nesses três últimos anos? — o homem perguntou, sorridente.

— Alguns meses depois da minha mãe falecer, fui demitido do trabalho. Desde então não faço nada.

— Já se perdoou quanto a sua mãe?

— Eu podia ter ido vê-la antes de ela partir. Não consigo me perdoar. Seria mais fácil se eu pudesse voltar no tempo — Paulo ficou reflexivo por um breve instante. — Mas o que fazer contra a morte? Eu já entendo que é uma etapa necessária da existência, e mesmo assim, ela continua sendo um mistério para mim.

— Filho, acredito que a morte não deva ser diferente de quando viajamos de um lugar para outro. Hoje, você está aqui. Se viajar amanhã para outro lugar, ficará ausente daqui. Morrer é também estar ausente da Terra, indo certamente para um lugar melhor, adequado ao crescimento de cada ser.

— Então a morte é uma viagem como outra qualquer? — Paulo perguntou, reflexivo.

— Caso não seja assim, saberemos depois de passar por ela. De toda forma, não há como escapar disso.

— É verdade! — Paulo disse com o olhar mais sereno.

— Faça as pazes consigo mesmo no que diz respeito à morte da sua mãe.

— Farei isso, sim.

— Agora preciso ir. E você deve seguir seu caminho de volta para casa.

Paulo, sentindo que aquele ser poderia responder a todas as suas indagações, e não querendo deixá-lo ir embora, perguntou:

— Quem somos nós? De onde viemos? E para onde vamos?

O Mestre olhou para ele com ternura e disse:

— Quanto menos pergunto, mais escuto a voz do silêncio, a canção do universo. Quanto menos penso, mais contemplo a luz do universo, a palavra da Alma Grandiosa.

Paulo escutava, meditativo. O homem misterioso olhou para ele com amor e continuou:

— As perguntas geram mais perguntas, e consequentemente, nenhuma resposta satisfaz — com a mão no peito esquerdo, ele prosseguiu. — Está tudo aqui, meu filho. — Ao se despedir, disse "Adeus!".

Logo depois de se abraçarem, a manifestação do ser misterioso se dissipou no ar suave do amanhecer. Instantaneamente, a brisa que tocara a melodia do amor no ouvido do Paulo voltou a soprar. Depois de algum tempo, ele percebeu, em silêncio, que aquela melodia vinha de seu interior. Assim, abriu os olhos, encontrando-se de novo em seu leito, na vida real.

Ele acabara de ter um sonho revelador sobre um dos grandes mistérios da existência. Agora sabia que a morte era viajar de um lugar para outro. Dentro dele, o medo de enfrentar o cotidiano se dissipou. Deitado, estava em paz, uma paz que nunca havia sentido até então.

Retorno de uma boa ação

Ao se casar no Canadá, Karina não queria depender financeiramente do marido. Naquela época, ela ganhava uma pequena aposentadoria do Brasil, o que não dava para sobreviver no Canadá. Após refletir um pouco sobre sua situação, começou a traçar uma nova meta para essa etapa da sua vida. Todos os dias escrevia sua meta no presente como se sua aspiração já fosse realidade. Algum tempo depois, conseguiu trabalho numa escola de línguas de Toronto. No entanto, ainda não se sentia satisfeita com isso, pois ali trabalhava muito e ganhava pouco. O interessante é que aquela escola estava sempre à procura de professores, não percebendo que eles abandonavam os cursos porque o salário não era bom. A escola pagava Karina tão pouco que um dia seu marido falou:

— Você vai gastar mais com o transporte para a escola do que eles vão te pagar. Eu não entendo o que você está fazendo lá.

Sempre que o Mestre Interno queria chamar a atenção da Karina para alguma situação, aparecia o número 16. No dia em que ela terminou o curso de treinamento nessa escola, ainda na dúvida se deveria dar aulas lá ou não, viu o número 16 na porta do armário onde guardaria seu material. Imediatamente, percebeu que era para ir em frente com aquele emprego mesmo não sendo compensador financeiramente. Karina ficou nessa escola por mais de um ano e teve alunos maravilhosos. Sem que soubesse, esse trabalho ajudaria no seu currículo para trabalhar na Universidade de Toronto.

Ela continuou escrevendo sua meta no presente todas as manhãs, esperando que outras oportunidades se manifestassem. Certo dia, na rua, viu o anúncio de um curso de computação que dizia: "Aprenda a fazer seu próprio website". Era um curso patrocinado pelo governo do Canadá, e ela teria de pagar só doze dólares pela inscrição. Depois de terminar o curso, criou seu próprio website na internet, colocando informações pessoais e profissionais. Algum tempo depois, um brasileiro, tendo visto seu site, entrou em contato com ela, pedindo informações sobre um curso de inglês na Universidade de Toronto. Ele tinha tido a ideia de lhe pedir ajuda porque, através das informações no site, viu que ela era professora de inglês e morava em Toronto. Disse em sua mensagem:

— Gostei do seu site e tenho vontade de aprender inglês em Toronto. Você poderia me ajudar obtendo informações sobre os cursos que a universidade oferece?

Na hora, Karina pensou: "Ele mesmo poderia mandar um e-mail para a universidade, e eles responderiam com certeza". Assim que ela pensou isso, o Mestre Interno lhe disse: "Ajude!". Ela então respondeu o e-mail do brasileiro:

— Tudo bem. Eu posso olhar isso para você.

— Obrigado!

— Por nada!

No mesmo dia, Karina ligou para a Universidade de Toronto e deixou seu pedido de informações numa caixa de mensagens. Disse que era brasileira e precisava de detalhes sobre o curso de inglês para um conhecido do Brasil. Algumas horas depois, a coordenadora geral dos cursos de educação continuada da universidade ligou para ela e deu as informações. Depois disso, perguntou à Karina se ela conhecia alguém que dava aulas de português, porque a universidade precisava contratar um professor que ensinasse português do Brasil. Karina disse que ela dava aulas num curso de línguas e que poderia ajudá-la. A coordenadora pediu, então, que ela enviasse seu currículo com duas cartas de recomendação de peso.

Na primeira escola onde Karina deu aula, ela foi professora de um dos diretores de uma empresa multinacional. Ele estava aprendendo português porque ia ser transferido para São Paulo. Ela se lembrou dele e lhe mandou uma mensagem, pedindo uma carta de recomendação. Conseguiu a segunda carta com o diretor daquela mesma escola. Essas duas cartas a ajudaram a conseguir o novo emprego, que foi uma coisa muito boa na sua carreira. Bastava as pessoas saberem que ela trabalhava na universidade para confiarem na sua qualidade de boa professora.

No primeiro dia de aula, Karina se apresentou como uma professora brasileira. A maioria dos alunos eram iniciantes, mas havia alguns que eram de família portuguesa e já tinham algum conhecimento. Um deles disse:

— Professora, a minha mãe é dos Açores. Eu quero aprender português de Portugal.

— Mas eu sou brasileira, e a universidade me contratou para dar aulas de português do Brasil — Karina respondeu com gentileza.

Quando foi para casa, ficou imaginando como resolver esse problema. No dia seguinte, acordou pensando que seria uma boa ideia melhorar seus conhecimentos de português de Portugal. Para muitos linguistas, português do Brasil e português de Portugal são duas línguas diferentes. As duas se chamam português porque o Brasil foi colonizado por Portugal. Na época, a universidade não informava às pessoas que se matriculavam no curso que tipo de português era ensinado. Então, no segundo dia de aula, Karina decidiu atender a necessidade de todos os alunos, e disse: "Quem quer aprender português de Portugal, sente-se deste lado da sala. E quem prefere português do Brasil, sente-se do outro lado". Quando ela falava o português de Portugal, procurava pronunciar as palavras com um chiado típico. Explicava as diferenças entre as duas línguas, dizendo coisas como: "No Brasil, usamos mais 'você', e em Portugal é mais frequente usar 'tu'". Foi assim durante anos. E para aprimorar o português de Portugal, pegava seu caderninho e se sentava diante da televisão para assistir ao noticiário português. Anotava todas as diferenças do vocabulário e da pronúncia. Por exemplo: "Estou a aprender inglês". Já o brasileiro fala: "Estou aprendendo inglês". Também decidiu passar quinze dias em Portugal para aperfeiçoar a maneira de falar como os portugueses.

Fora da universidade, ela também tinha alunos particulares, podendo dar aulas de uma maneira mais relaxada. Podia também atender às necessidades de cada aluno de acordo com as línguas que eles já falavam. Se o aluno só falava inglês, ela sabia que o processo de aprendizagem era mais lento. Quem já falava alguma língua latina, como espanhol ou francês, aprendia mais rápido. Karina prestava muita atenção às dificuldades dos alunos. Fazia o máximo para que eles pudessem se sentir bem na aula. Às vezes, ensinava regras gramaticais com atividades lúdicas, e os alunos gostavam da sua criatividade.

Karina já havia percebido que viver no serviço para com a vida fazia com que ela se sentisse feliz. Dessa forma, tratava seus alunos com respeito e compaixão, praticando assim os princípios da Liberdade Espiritual no cotidiano.

Ela era uma pessoa como outra qualquer, sempre buscando um jeito de ganhar seu próprio pão. Contudo, essa busca externa não dificultou seu processo de autoconhecimento. Logo na infância, ouvira o chamado da Alma, e desde então, não parou de procurar a plenitude até encontrá-la em seu próprio coração.

O universo

A alguns quilômetros do centro do Rio, na Ilha do Governador, encontravam-se a Karina e o Paulo, sentados em um dos bancos do Aeroporto Internacional Tom Jobim. Karina ia voltar para o Canadá, e eles estavam esperando a hora do embarque. Enquanto isso, aproveitavam os últimos minutos para se despedirem. De onde estavam, viam-se pessoas do mundo inteiro, vindo de algum lugar e indo para outro. Paulo disse com um olhar reflexivo:

— Sempre tive uma curiosidade ao seu respeito. Eu sei que você viaja muito e já foi à Europa várias vezes, e eu queria te perguntar como você arruma dinheiro para fazer essas viagens. Pergunto isso porque eu sei que você foi professora de inglês no Brasil, e todo mundo sabe que os professores aqui morrem de fome.

— Pois é! Morando no Canadá, a minha aposentadoria não dava para nada, e eu não queria depender do Erik financeiramente. Então, comecei a traçar a meta de ganhar alguns trocados a mais e entreguei ao universo. Consegui alguns alunos particulares e também um emprego na Universidade de Toronto. Além disso, alguns anos mais tarde, recebi um telefonema de um rapaz brasileiro. Era o marido de uma das minhas colegas de trabalho. Ele me perguntou se eu gostaria de fazer um podcast de ensino de inglês. Eu lhe disse que preferia fazer um podcast para ensinar português. Na hora, ele ficou um pouco na dúvida, pois achava que não encontraríamos pessoas interessadas. Então, eu lhe disse: "Nunca saberemos se vai dar certo se não tentarmos". Ele acabou concordando, e logo começamos a produzir os episódios. Como esse podcast foi um dos primeiros de ensino de português no mundo, ele teve um sucesso considerável.

— Que legal! Assim, você se tornou financeiramente independente do seu marido.

— Exatamente! — Karina disse, sorridente. — Falando nisso, eu me lembro que você tinha dito em uma das nossas conversas que estava desempregado e que não estava sabendo o que fazer. Você poderia pedir ajuda ao universo como eu fiz. Quem sabe? Vai que ele te mostra algum sinal do que poderá ser o próximo passo na sua vida profissional.

— Boa ideia! Eu poderia escrever minhas metas no presente como se elas já estivessem concretizadas. Eu me lembro dessa dica que você me deu.

— Essa é uma boa maneira de manifestarmos nossos sonhos.

Eles concordaram com uma suave risada. Karina olhou para o celular, percebeu que não faltava muito tempo para o embarque do seu voo e disse:

— Agora está na hora de eu ir.

Eles se levantaram, e Paulo disse:

— OK! Boa viagem!

— Muito obrigada!

— Sentirei saudade das nossas conversas.

— Eu também, mas sempre podemos conversar por texto ou vídeo.

— Que bom que hoje em dia temos essa possiblidade.

Paulo delicadamente tirou da mochila uma rosa com um bilhete e a entregou à Karina. Ela ficou feliz e se lembrou que, alguns meses antes, enquanto os dois passeavam pelo Parque Lage, ela comprara uma rosa com um bilhete para ele. Hoje ele estava fazendo a mesma coisa, retribuindo consciente ou inconscientemente o amor recebido há meses. Como dizem a respeito do amor — é dando que se recebe.

Karina pegou a rosa e ao abraçar Paulo, murmurou no seu ouvido: "Não se preocupe que vai dar tudo certo". Assim, eles se despediram. Paulo se manteve de pé, pensativo quanto ao futuro. À medida que a Karina se afastava, ele sentia um friozinho na barriga. Essa sensação de medo só durou alguns segundos, pois se lembrou do Rafael, que dizia que a vida é feita de mudanças. Paulo, então, percebeu que tudo que existe tem um começo e um fim. Naquele instante, a incerteza que havia em seu coração se desfez, e no seu mundo interior, começaram a jorrar torrentes de amor e gratidão por ter tido a sorte de conhecer a Karina.

Ele se sentou e discretamente fechou os olhos. Passou menos de um minuto e os reabriu. De forma misteriosa, deparou-se com um mundo diferente daquele que havia conhecido até então. O próprio aeroporto se parecia com a vida, uma estrada com sentido duplo, um caminho sem fim e sem começo, uma rodovia que atravessa o mundo, passando por todos os cantos da Terra. Paulo percebeu também a pluralidade dos passageiros que passavam à sua frente. Eram múltiplos e diversificados. Uns sorriam. Outros não. Alguns deles levavam consigo as paixões da mente como a ira e a vaidade. Outros carregavam em seu coração leve as virtudes para curar essas paixões.

Depois dessa experiência incomum e extraordinária ao mesmo tempo, Paulo iniciou o caminho de volta para casa. Em algum momento do percurso, começou a pensar na frase que a Karina lhe sussurrara. Não sabia como explicar, mas tinha a sensação de haver escutado essa mesma frase antes. Tentou se lembrar de quando isso acontecera, mas não conseguiu.

No alto do céu, Karina, sentada perto da janela do avião, contemplava o mundo abaixo. De repente, lembrou-se do presente do Paulo. Pegou a rosa e leu o bilhete:

Oh, Karina,
Antes de te conhecer,
Eu via as cores do mundo,
mas desconhecia a luz do meu coração.
Escutava o som da existência,
mas ignorava o cântico do meu coração.
Ó, amiga do mundo,
Saúdo-te com uma enorme gratidão.

Depois de ler, pôs a rosa e o bilhete de volta na bolsa com cuidado. Começou a contemplar as nuvens e percebeu que elas se moviam com suavidade. Debaixo do céu, o mundo parecia ter desaparecido. Em algum momento, fechou os olhos colocando a atenção no terceiro olho. Inspirou profundamente e sentiu uma alegria enorme conquistando seu interior. O êxtase se fez luz na sua visão, e ela se sentiu realizada por ter ajudado uma Alma a se lembrar de Si mesma. Ao servir à vida, agindo sempre com amor, ela tinha se tornado um canal através do qual o universo operava. Embora seu encontro com o Paulo parecesse insólito, não havia nada de coincidência naquilo. Na verdade, aquele episódio foi uma peça importante no processo de autoconhecimento do Paulo. Um acontecimento que lhe trouxe a luz e o som do Amor num momento crítico da vida.

Numa daquelas noites em que Paulo se encontrava sozinho diante do seu padecimento, olhara para o espelho do seu banheiro e desejara que Deus lhe mostrasse o caminho. E o universo respondeu a esse apelo, utilizando-se das palavras da Karina para iluminar os passos do rebento.

Longe do alto do céu, no Rio, quando chegou a hora de dormir, bem antes de se deitar, Paulo fez uma contemplação. Enquanto contemplava, lembrou-se da primeira vez em que escutara a frase da Karina: "Não se preocupe que vai dar tudo certo". Isso fora há alguns meses, num sonho que tivera na época em que andava entristecido pelos acontecimentos da vida. Ao se lembrar disso, viu a própria existência como uma obra de Deus. Percebeu assim que a Alma Absoluta estava por trás de tudo que acontecia em sua vida, sempre colocando as pessoas certas, nos momentos certos, em seu caminho. Entendeu também que no meio das dificuldades do cotidiano, essas pessoas trazem ensinamentos necessários para a evolução de todos.

De algum modo, Paulo chegou à conclusão de que a Alma existe porque Deus A ama, e que nenhum ser se encontra à parte do Plano Divino. Desta forma, Deus está em tudo que existe, e todas as coisas estão ligadas entre si. Por fim, o Pai Absoluto simplesmente ama seus filhos, e para desfrutar conscientemente desse amor incondicional, precisamos de olhos para contemplar Sua Luz e ouvidos para escutar Seu Som na manifestação do universo.

*Eu canto porque o instante existe e a minha vida
está completa. Não sou alegre nem sou triste: sou poeta.*

Cecília Meireles

Enfrentando o medo

Depois da partida da Karina, a solidão voltou a fazer parte do cotidiano do Paulo. No entanto, ele já não era mais o mesmo de antes. Sabia lidar com a ausência das pessoas ao seu lado. Com o Mestre que lhe aparecera no sonho, aprendera que a plenitude não se encontrava nem nos relacionamentos e nem nas coisas materiais. Lembrou-se que "Tudo que é preciso está no coração". Além disso, desenvolveu o hábito de fazer uma contemplação todas as noites.

Passava seus dias na maior simplicidade. Lia muito, e de vez em quando, ia passear pela praia. Agora que o relacionamento com seus familiares estava em harmonia, ligava para eles com frequência. Seu pai se encontrava numa paz total. Renata estava feliz com seu namorado Jean. Ana Paula continuava não comentando sua vida. Rafael ganhou um prêmio literário internacional com seu livro "O Poema do Universo", e agora, era um escritor conhecido por todos. Ele e sua família estavam felizes também.

Com a família estava tudo bem. Por outro lado, havia duas coisas que preocupavam o Paulo: qual seria seu próximo emprego e o distanciamento da Vanessa. Ele tinha medo de se arriscar novamente, medo de acreditar, medo de se entregar, medo de vivenciar as delícias do presente, não se importando com as mágoas do passado.

Certo dia, enquanto passeava pela praia, lembrou-se que a Karina traçava metas para sua vida. Sem demora, teve a ideia de escrever a seu Mestre Interno. Após chegar em casa, pegou um caderno e escreveu: "Graças à orientação do Mestre Interno, faço o que eu gosto profissionalmente e aceito o que há de ser com a Vanessa". E todas as noites escrevia essa afirmação. Passaram-se alguns meses, e numa noite, sonhou com a Karina.

No sonho, eles estavam sentados no mesmo banco de sempre, diante do mar. Karina disse:

— Você poderia expor seus quadros no Café Sorriso. Vai deixar o ambiente mais romântico e seus poemas vão maravilhar os fregueses.

Paulo ficou calado, não sabendo o que responder. Karina continuou:

— Quem sabe você pode se tornar um grande artista e ganhar dinheiro com isso?

— Já pensou? Eu, um grande pintor, e meu filho, um grande escritor e poeta. As pessoas vão pensar que somos uma família de sonhadores — disse Paulo, sorrindo.

— Dizem que a vida é generosa com os sonhadores.

Paulo murmurou: "Quem sabe?".

— Não custa nada tentar — disse Karina satisfeita, olhando para o mar infinito.

O primeiro raio de sol passou pela janela entreaberta de seu quarto. Paulo despertou naquele momento e se pôs a pensar. Por todos esses anos, deixou calado o que realmente o alegrava: o desenho e a pintura. Levantou-se da cama e começou a contemplar o quadro que estava na entrada do banheiro — "O Retorno". Ficou ali, parado e meditativo por alguns minutos, mas ainda não sabia exatamente o que havia de ser feito.

Naquela manhã, começou a arrumar o apartamento enquanto refletia sobre as respostas de suas duas perguntas. Teria de decidir que rumo seguir na sua vida profissional e saber se queria retomar o relacionamento com a Vanessa. De repente, o morador do apartamento vizinho colocou uma música para tocar. Era "Epitáfio" dos Titãs. Bem no início da música, o cantor dizia:

Naquele exato momento, Paulo se sentiu conquistado por uma energia desconhecida e ponderou: "Devia ter pintado as belezas do mundo como eu sempre desejei". Quando era criança, gostava de pintar o que o mundo oferecia a seus olhos inocentes. Na época, não julgava. Apenas ilustrava o que o universo permitia que ele visse. Começou a recordar os bons momentos da sua infância, principalmente quando visitava os avós na fazenda. Lembrava-se da sensação de estar contemplando o pôr do sol, o rio não muito longe da fazenda, o cavalo que apaziguava sua avó doente, seu primeiro cachorro que o amava mais do que a si mesmo, as noites cheias de estrelas reluzentes, os pássaros nas árvores e no céu, o canto do galo que o acordava nas manhãs de verão e a grama da fazenda sempre verde como o recomeço.

Quando a música terminou, pensou: "Já que o universo sempre cuidou de mim, tudo que eu posso fazer agora é homenageá-lo". Dessa forma, decidiu voltar a sonhar com a vida como costumava fazer quando era criança, voltar a ser aquele menino que se sentia pleno ao contemplar e pintar as belezas da natureza ao seu redor. Enquanto tentava justificar essa decisão para si mesmo, lembrou-se da avó que certa vez lhe dissera: "Quando você crescer, lembre-se que a flauta de Deus toca no coração das crianças". Agora Paulo era um adulto que estava prestes a ver o mundo com o coração de criança.

No mesmo dia, após mil pensamentos serenos, foi a uma loja de pintura e comprou algumas telas, tintas acrílicas e a óleo. Depois de voltar para casa, começou a pintar. A partir daquele dia, sempre que acordava de manhã, pintava o que a vida lhe inspirava ou o que os sonhos da última noite lhe revelavam. Passaram-se alguns dias, e no seu apartamento já havia uma dezena de belíssimas pinturas. Ao mesmo tempo que pintava, inspirava-se para escrever alguns poemas sobre o amor, a justiça e a beleza.

Aqui está o seu mais famoso poema:

Oh Alma que sou,
verdade que habita num templo.
Invólucro preto ou branco,
espírito que não tem cor.
Corpo pequeno ou grande,
consciência que não tem tamanho.
Ateu ou crente,
Alma que já tem o Todo em si.
Rosto bonito ou feio,
paixão que transcende a perfeição.
Traje brilhante ou desbotado,
Alma cujo coração é o Sol.
Oh Alma grandiosa,
Alma de todas as Almas,
Você é tudo, Você é nada.
Entre o começo e o fim,
Você é a eternidade.
Entre a falta e a abundância,
Você é o contentamento.
Na euforia e na tristeza,
Você é a serenidade.
Na união do dia e da noite,
Você é o pôr do sol,
o Amor que move o templo.

Certo dia, Paulo decidiu ir ao Café Sorriso com o intuito de se reaproximar da Vanessa. Os dois conversaram um bom tempo, e ele finalmente convidou-a para ir à sua casa. Ali ela se deparou com os quadros e disse, muito animada: "Seria muito interessante expor esses quadros no Café Sorriso. O espaço é grande e acredito que isso traria muita luz para o ambiente". Eles passaram a noite toda juntos e acabaram se amando.

Passaram-se alguns anos, e Paulo agora trabalhava como pintor e expunha seus quadros no Parque Lage e também no Café Sorriso. Todo fim de ano, ele e a Vanessa viajavam a diferentes países e desfrutavam cada vez mais da beleza do mundo. Foram aos lugares onde Vanessa já fora, mas a sensação para ela não era a mesma, visto que agora seu eleito estava ao seu lado. Eles acabaram se casando e convidaram a Karina para a cerimônia.

Com o passar do tempo, Paulo ensinou à Vanessa como fazer a contemplação. Ela percebeu como é deleitante a viagem ao templo interno, o que já bastava para ela se sentir plena. A partir de então, não viajava mais para outros lugares do mundo com o objetivo de preencher o vazio no peito. Viajava para descobrir o mundo, conhecer coisas novas, divertir-se e curtir aventuras ao lado do seu amor. Vanessa agora havia se tornado um copo de água cheio ao lado do Paulo, outro copo de água cheio. Os dois se amavam, mas eram independentes um do outro para serem felizes. Eles vivenciavam plenamente o momento presente, saboreando as delícias de cada instante de sua existência.

Uma bênção

Alguns anos após se casar com a Vanessa, Paulo acordou cedinho no seu novo apartamento em Copacabana. Levantou-se e foi até a janela. Vanessa continuava dormindo que nem um anjo. Paulo olhou a rua abaixo. A cidade estava despertando, com as pessoas saindo para o trabalho aos poucos.

Ele sentiu o toque de uma brisa. Era a mesma brisa suave que o fizera sair de casa há alguns anos no dia em que conhecera a Karina. Respirou o ar fresco daquela manhã de primavera e se lembrou de sua primeira conversa com sua nova amiga. Naquele momento, foi tomado por uma sensação estranha, como se alguma coisa no seu interior pedisse que ele fosse até a praia. "Deve ser uma sugestão do Mestre Interno", pensou. Desde que havia começado a praticar os exercícios e princípios da Liberdade Espiritual, sua conexão com seu mundo interno ficara cada vez mais intensa.

Pegou o caderno e a caneta e foi até a praia. Enquanto caminhava, uma corrente de amor começou a jorrar de dentro dele como uma cascata divina. Ele percebia a vida que fluía do seu coração, sorria e cumprimentava as pessoas que haviam se levantado cedo para cuidar de seus afazeres. A cidade voltava à vida aos poucos debaixo de um sol ainda pálido. Paulo não pensava em mais nada e caminhava cheio de paz. Ao chegar à praia, viu uma moça sentada num banco. Não sabia a causa, mas algo o levou até ela. De algum modo, pressentiu que tinha de conversar com a desconhecida, mas hesitou um pouco. As pessoas geralmente ficam desconfiadas e não se abrem para falar com desconhecidos. Mas o Mestre Interno calou as dúvidas da sua mente, dizendo-lhe: "Vá até a moça e fale com ela". Paulo se aproximou e disse: "Andei muito hoje. Posso me sentar aqui para descansar um pouco?". Ela consentiu com apenas um aceno da cabeça. Ele se sentou, pegou o caderno e a caneta da mochila e começou a desenhar a linda paisagem que se revelava diante deles.

Ali estavam Paulo e a desconhecida, sentados num banco diante do mar infinito. Ela estava entregue a seus pensamentos, e ele rabiscava alguma coisa no caderno. Passaram-se alguns minutos, e um casal que caminhava de mãos dadas passou diante deles. Ao ver o casal, a moça começou a chorar baixinho. Percebendo isso, Paulo se pôs a falar com voz suave:

— Não há espetáculo mais mágico que o amanhecer. Você chegou a ver o nascer do sol?

Calada, a moça o olhou rapidamente e depois desviou o olhar para a paisagem ao seu redor. O sol brilhante ocupava o horizonte, deixando a superfície do mar dourada e azul ao mesmo tempo. Uma brisa leve se fez sentir fazendo com que as palmeiras se balançassem. A vida se manifestava na natureza, e qualquer um ali podia perceber isso.

Depois de algum tempo olhando para a paisagem que os cercava, a moça parou de chorar. Respirou profundamente e perguntou ao Paulo: "Porque você acha que o nascer do sol é um momento mágico?".

— Porque a noite e o dia se tornam uma coisa só, e eu sinto a presença de Deus.

A moça sorriu, aquiescendo e dizendo: "Eu nunca tinha percebido isso. Obrigada por me lembrar que ainda podemos encontrar Deus na manifestação do mundo".

— Por nada! Também levei anos para finalmente perceber que há coisas divinas acontecendo a todo instante ao nosso redor.

— Verdade! — disse a moça, limpando as lágrimas do rosto.

Naquele instante, o Mestre Interno disse ao Paulo: "Agora você pode voltar para casa". Paulo se despediu da moça e foi embora. No fundo, estava feliz por ter conseguido roubar um sorriso de alguém. Aquele sorriso podia tornar o coração da moça mais leve.

A verdade é que ele só queria ajudar, e ao fazer isso, fez igual à Karina, que sempre se punha à disposição para escutá-lo quando ele mais precisava desabafar. Agora fazia o mesmo com outras pessoas, não se apegando aos resultados da sua ação. Enquanto caminhava para casa, teve a certeza de que tudo no universo estava conectado. De algum modo, sentia-se ligado àquela moça como também à Karina. Sabia que não estava errado, pois se toda a existência surgiu de uma coisa só, a essência da criação deveria se encontrar em tudo. Com essa constatação, Paulo concluiu que não foi por acaso ele ter ido até a praia tão cedo sem uma razão aparente. Ele tinha de estar lá, pois aquela moça precisava ser lembrada de que Deus existe e está sempre ao nosso lado, nos bons e nos maus momentos.

Ao pensar mais no seu encontro com aquela moça, Paulo notou a generosidade da vida. Num piscar de olhos, a existência lhe pareceu uma vasta escola com milhões de salas de aula. Seus corredores eram várias estradas que percorriam a face da Terra. Suas lições e provas eram infinitas, e em cada sala de aula, encontravam-se mestres e discípulos para ensinar e aprender. Quando se vivia, era preciso estar em sintonia consigo mesmo para perceber quando aprender ou ensinar e quando falar ou escutar. Logo após constatar tudo isso, Paulo se encontrou diante do seu prédio. Subiu para o seu apartamento e se deitou. Vanessa já não estava mais ali. Já havia saído para o Café Sorriso.

A moça continuava sentada no banco perto da praia. Depois de algum tempo, foi até o mar e molhou os pés. Olhava para o oceano sem nada pensar. Com a mente serena, percebeu o som do vento. Ela se tornou una com tudo ali. O mar, assim como o vento, agora fazia parte dela. Depois de um breve instante, ela voltou a se sentir uma entidade à parte. O mar extenso parecia ir além do infinito, e o vento parecia ter vindo de um lugar longínquo. As águas iam e vinham, molhando seus pés. Ela ergueu a vista e notou que o mar agora se parecia com ela. Suas ondas podiam se levantar com furor ou se deitar com ternura, mas ele permanecia sempre o mesmo, imutável e infinito. "Eu sou o mar, eu sou tudo", pensou ela, e logo percebeu que nenhuma alegria nem tristeza poderia deter sua plenitude. Se o mar não se entrega nem às ondas calmas ou raivosas, por que ela se entregaria às circunstâncias da vida? Após ter conversado com Paulo naquele dia, essa moça conheceu uma nova forma de vida.

Depois do devaneio, abaixou-se e pegou um punhado de areia. Começou a caminhar à beira da água, olhando para as coisas ao seu redor até seu olhar se pousar sobre o Morro do Pão de Açúcar, que parecia tocar o céu claro e brilhante. Ela, então, percebeu que a glória de Deus não está tão longe da Terra. Naquele momento, vivenciou uma alegria que jamais havia experimentado até então. Estava plena e feliz, convencida de que a vida é uma bênção.

Fim